Original Japanese title: SEKAISAISENTAN NO KENKYU KARA UMARETA
SUGOI MENTAL HACKS ⓒ 2021 Yoshihito Naito.
Original Japanese edition published by Seidansha Publico
Korean translation rights arranged with Seidansha Publico
through The English Agency (Japan) Ltd. and Danny Hong Agency.
Korean translation rights ⓒ 2022 by Wisdom House, Inc.

이 책의 한국어판 저작권은 대니홍 에이전시를 통한
저작권사와의 독점 계약으로 (주)위즈덤하우스에 있습니다.
저작권법에 의해 한국 내에서 보호를 받는 저작물이므로 무단 전재와 복제를 금합니다.

모든 고민이
별것 아니게 되는
아주 작은 심리 습관

나이토 요시히토 지음
전선영 옮김

위즈덤하우스

차 례

| • 프롤로그 모든 고민에는 해결 방법이 있다 | 8 |

1장 사소한 일로 끙끙대지 않기

• 망설여질 때는 일단 행동한다	13
• 언제든 회복할 수 있다고 믿는다	16
• 문제를 최대한 잘게 분해한다	19
• 일상생활을 정형화한다	22
• 하고 싶지 않은 일일수록 습관화한다	25
• 일단 결정했다면 그걸로 끝	28
• 후회를 동기 부여로 삼는다	31
• 싫은 기분을 종이에 적어 봉한다	34
• 자신보다 상황이 안 좋은 사람을 생각한다	37
• 부정적인 생각이 들 때는 '고무줄로 손목을 찰싹'	40
• 지금의 고민은 나이가 들면 사라진다	42
• 지갑에 많은 돈을 넣어 둔다	45
• 너무 많은 것을 바라지 않는다	48
• 하루에 열 번 자신을 칭찬한다	50
• 나르시시스트가 된다	53
• 어두운 사람과는 최대한 거리를 둔다	56
• 할 수 있는 일은 뭐든 스스로 한다	59
• 몸을 움직이는 습관을 들인다	62

2장 내 안의 불안감을 가라앉히기

| • 현실은 생각만큼 나쁘지 않다 | 67 |

- 긍정적인 감정으로 부정적인 감정을 지운다 … 70
- 호흡에 의식을 집중한다 … 73
- 다이어트로 몸을 가볍게 만든다 … 76
- 반려동물을 키운다 … 79
- 남이 노력하는 모습을 지켜본다 … 82
- 모든 것은 생각하기 나름이다 … 85
- 껌을 씹어 긴장을 푼다 … 88
- 아로마 오일을 가지고 다닌다 … 91
- 불안감 후에 오는 쾌감을 생각한다 … 94
- 익숙해지는 만큼 불안도 가벼워진다 … 97
- 생각한 것은 일단 말해 본다 … 99
- 인생의 파트너를 만든다 … 102
- 가끔은 술의 힘을 빌린다 … 104
- 경험자의 이야기를 듣는다 … 106
- 분홍색 물건을 바라본다 … 109

3장 인간관계의 고민을 줄여 나가기

- "고맙습니다"를 입버릇처럼 … 115
- 일단 웃는다 … 117
- 상대의 표정을 따라 해 본다 … 120
- 술자리를 함께 한다 … 123
- 마음이 맞지 않는 사람과는 최소한으로만 … 125
- 닉네임으로 소통한다 … 128
- 인간관계에 좋은 목적의식을 가진다 … 130
- 단번에 호감을 얻을 수는 없다 … 133
- 혼자가 힘들면 다른 사람과 함께 … 136
- 말하기 어려울 때는 잘 들어 주자 … 138

- 호감을 얻기 위해 지나치게 애쓰지 않는다 … 140
- 싫은 인간관계를 반면교사로 삼는다 … 143
- 취직과 이직에서 가장 중요한 것은? … 146
- 쓸데없는 말은 하지 않는다 … 148
- 질책 후에는 칭찬으로 균형을 잡는다 … 150
- 거북한 사람일수록 먼저 손을 내민다 … 152
- 유사점이 많은 사람과 어울린다 … 154

4장 금세 떠오르는 부정적인 사고 뒤집기 ✓

- 등을 구부리지 않는다 … 159
- 고개를 숙이지 않는다 … 161
- 생활에 웃음을 끌어들인다 … 163
- 악몽은 신경 쓰지 않는다 … 166
- 좋지 않은 일은 계속되지 않는다 … 168
- 집 주변을 빠르게 걸어 본다 … 171
- 손실과 이득을 따져 생각한다 … 174
- 거짓으로라도 밝은 미래를 상상한다 … 177
- 낙관적인 사람을 따라 한다 … 179
- 객관적인 데이터를 모은다 … 181
- 중압감을 당연한 것으로 생각한다 … 184
- 부정적인 것에서 눈을 돌린다 … 186
- 일찍 일어나는 습관을 들인다 … 189

5장 흔들리지 않는 강철 같은 마음 만들기 ✓

- 나만의 루틴을 정한다 … 195
- 타인의 루틴을 따라 한다 … 197

- 자신의 모습을 촬영한다　　　　　　　　　　　　　　199
- 결과를 너무 걱정하지 않는다　　　　　　　　　　　201
- 좋지 않은 결말은 생각하지 않는다　　　　　　　　204
- 완벽을 지향하지 않는다　　　　　　　　　　　　　206
- 힘들 때 도움을 요청할 수 있는 사람을 찾는다　　209
- 근육을 단련하면 멘탈도 강해진다　　　　　　　　211
- 주먹을 쥐는 것만으로도 의욕이 생긴다?　　　　　214
- 자신과 계속해서 대화를 나눈다　　　　　　　　　216
- 좋은 결과를 이미지 트레이닝한다　　　　　　　　219
- 좋지 않은 상황에서 주의를 돌린다　　　　　　　　221
- 힘들 때는 '젠장!' 하고 외쳐 본다　　　　　　　　223

- 에필로그 이제 부정적인 감정은 무섭지 않다　　226

do it

프롤로그
모든 고민에는
해결 방법이 있다

그 어떤 것에도 흔들리지 않을 정도로 멘탈이 강해 보이는 사람이 있다. 그러나 그들이 정말로 강한가 하면 그렇지도 않다. 그들은 '멘탈이 세 보일 뿐'이다. 마음속을 들여다보면 보통 사람과 다름없이 불안과 후회, 고민으로 가득하다.

'하지만 멘탈이 강한 사람은 실제로 있지 않나? 내가 아는 사람 중에도 있는데……' 하고 생각하는 사람도 있을 것이다.

그러나 그런 사람에게 전혀 고뇌를 느끼지 않느냐고 묻는다면 그렇지 않다. 인간인 한 이런저런 고뇌가 없을 수 없기 때문이다. 다만 그런 부정적인 감정을 능숙하게 처리하는 습관을 실천하고 있어 주변 사람에게는 그것이 보이지 않을 뿐이다.

이 책에서는 마음의 고민을 단숨에 날려버릴 수 있는 심리 습관을 다수 소개하려 한다. 이를 실천하다 보면 충분히 강철멘탈이 될 수 있다.

만약 지금 여러분이 걱정과 고민이 많은 사람이라면 그것은 심리 습관을 몰라서일 뿐, 일단 배우면 누구나 모든 고민을 별것 아닌 것으로 만들 수 있다. 이는 누구라도 실천할 수 있는 지식이자 지혜이기 때문이다.

캠핑 갔을 때, 랜턴을 잊고 챙기지 않았다 하더라도 우유팩이 있으면 대용할 촛대를 간단히 만들 수 있다. 빈 우유팩을 나선 모양으로 잘라 불을 붙이면 우유팩 안쪽에 발린 파라핀 때문에 언제까지고 뭉근하게 불꽃을 피울 수 있다.

이것은 캠핑에 유용한 사소한 꿀팁이지만, 스트레스를 느꼈을 때나 부정적인 사고에 사로잡혔을 때도 심리학의 꿀팁을 사용하면 간단히 마음을 개운하게 만들 수 있다.

늘 마음이 답답하거나, 지난 일을 붙들고 끙끙 앓는 사람이라면 꼭 이 책을 읽어 주었으면 한다. 마음의 고민 따위 심리 습관으로 얼마든지 없앨 수 있다는 것을 알게 될 것이다.

NO. ....

1장

사소한 일로 끙끙대지 않기

망설여질 때는 일단 행동한다

살다 보면 다양한 선택 앞에 설 때가 적지 않다. 어느 대학에 갈지, 어떤 회사에 취직할지, 회사를 옮기는 편이 나을지, 누구와 결혼해야 할지, 애초에 결혼하는 게 맞는지…….

우리는 끊임없이 선택을 요구당하고, 그때마다 머리를 싸맨다.

잘못된 선택으로 인해 인생이 엉망진창이 될지도 모른다고 생각하면 좀처럼 선택할 수가 없다. 하지만 어떤 선택을 하든 한 가지 꼭 조언하고 싶은 것이 있다.

망설여질 때는 어쨌든 해 보는 게 좋다. 일단 해 보면서 헤맬 만큼 헤매 보는 것. 이것이 후회하지 않는 비결이다.

후회에는 두 종류가 있다.

'했다'는 후회와 '하지 않았다'는 후회다.

미국 일리노이대학의 닐 로즈가 후회의 강도를 조사한 결과, 남성이든 여성이든 '했다'는 후회보다 '하지 않았다'는 후회 쪽이 훨씬 크고 오래간다는 사실이 밝혀졌다.

이를테면 누군가를 좋아해서 '고백할까, 말까'로 고민한다고 치자. 이때 만약 '역시 고백은 그만두자'로 가버리면 그 후회는 엄청나게 커지고 만다.

만약 고백하기로 선택하고, 결과적으로 상대가 거절했다고 하자. 이쪽은 '했다'는 후회다. 그러나 이런 종류의 후회는 며칠 지나면 아픔이 옅어지고 이윽고 사라져 버린다. 하지 않았을 때의 후회는 평생 지속되지만, 행동함으로써 느끼는 후회는 그리 오래가지 않는다.

뒷받침이 될 만한 연구 결과는 또 있다.

코넬대학의 토머스 길로비치는 '인생 중 가장 후회하는 일'에 대해 연구한 적이 있는데, 75%가 '하지 않아서' 생긴 후회로 분류되는 것이었다고 한다. 사람은 중요한 국면에서 행동하지 않았던 일을 후회하는 법이다.

무언가를 '해서' 생긴 후회는 25%였다. 이렇게 어떤 일을 해봄으로써 생기는 후회도 있지만, 그것은 '하지 않아서' 생긴 후회보다 적었다.

'아 어쩌지. 하는 게 나을까. 아니면 그만두는 게 나을까…….'
그런 고민을 하고 있다면 일단은 해 보는 쪽을 선택하자.

특히 젊을 때는 뭐든 해 보는 게 낫다. 만약 실패하더라도 젊은 시절의 실패 정도는 시간이 흐르면 웃을 수 있는 이야기가 된다. 일단은 해 보고, 실패하면 그때 포기하면 된다.

언제든 회복할 수 있다고 믿는다

기회가 사라지고 앞으로도 바꿀 수 없다는 생각이 들면 후회만 남는다는 것을 우리는 알고 있다. 거꾸로 말해서, '아직 다시 할 수 있다', '언제든 회복할 수 있다'라고 생각할 수 있다면 크게 후회도 하지 않는다는 뜻이다.

미국 아칸소대학의 데니즈 베이크는 40세~73세를 대상으로 '인생에서 후회하는 일'에 대해 조사했다. 많은 사람이 학력이나 직업과 관련하여 후회한다는 결과가 나왔는데, '나는 다시 할 수 있다'라고 생각하는 사람일수록 강하게 후회하지는 않는다는 사실도 드러났다.

어떤 행동을 할 때는 '어차피 실패해도 괜찮다'라고 생각하는 게 좋다. 한 번 실패한다고 죽는 것도 아니고, 만회하기 어려운 일도 아니라고 생각하면 된다. 그렇게 생각할 줄 알면 이제 행동하는 것이 조금도 두렵지 않다.

'실패는 절대로 용서받을 수 없다.'

'두 번째 기회는 없다.'

그렇게 생각하기 때문에 불안해진다.

혹 실패하더라도 다음이 있다고 생각하면 조금도 두렵지 않다. '두 번째는 없다'라고 굳게 믿고 있으니 행동을 망설이게 된다.

시험에 실패했다면, 취직에 실패했다면, 이직에 실패했다면 거기서 인생이 끝나 버리는 걸까? 아니, 절대로 그렇지 않다. 이번에 실패하면 다음에 힘내면 되고, 그때도 잘 풀리지 않는다면 그 다음에 승부를 걸면 된다. 그런 식으로 편하게 대처하는 것이 포인트다.

'실패해도 다음이 있다'라고 생각할 줄 알면 마음이 밝아지고 아무것도 무서울 게 없어진다. 새로운 비즈니스를 시작하고 싶다면 해 보면 된다. 단 무작정 크게 벌일 것이 아니라, 작은 샘플 상품을 만들어 팔아 본다든가 시험 판매만 해 본다든가 부업으로 해 본다든가 하는 여러 가지 방법이 있다. 거기서 잘 풀리면 판을 키워도 된다.

'이건 단순한 시험 판매야'라는 생각이 들면 그렇게 신경 쓰지 않고 비즈니스를 시작할 수 있다. 거기서 실패하더라도 좀 더 보완하여 다시 도전하면 된다. 단숨에 크게 승부를 보려는 탓에 망설여지고, '여기서 실패하면 끝'이라는 생각을 하고 만다.

무엇을 하든 '아직 다음이 있다'라는 마음만은 잊어서는 안 된다. 그렇게 생각할 줄 알면 어떤 행동을 해도 마음 편히 살아갈 수 있다.

문제를 최대한 잘게 분해한다

털리스 커피 재팬의 창업자인 마쓰다 고타는 자신이 쓴 『모든 것은 한 잔의 커피에서』에서 1호점을 낼 때 있었던 에피소드를 이야기한다.

그는 원래 은행원이었지만, 미국에 갔을 때 마셔 본 털리스 커피의 맛에 놀라 회사를 차릴 결심을 했다.

그대로 은행원을 계속했으면 그 나름대로 안정된 인생을 살았을 것이다. 그러나 그는 털리스 커피를 일본에도 보급하고 싶다는 마음을 굳혔다. 하지만 1호점을 긴자의 노른자 땅에 내려면 7천만 엔이나 되는 빚을 져야 했다.

고민하던 그는 7천만 엔을 한번 분할해 보기로 했다.

'시급 850엔의 편의점 아르바이트를 하루에 15시간, 일주일에 하루 쉰다고 하면 한 달 수입은 33만에서 34만 엔. 거기에 아내가 돈을 조금 보태 준다면 한 달에 40만 엔은 갚을 수 있을 것 같다.'

그렇게 생각하고 나니 '흠, 생각보다 별거 아니네' 하고 안심이 되어 은행에서 돈을 빌릴 수 있었다고 한다.

큰 문제와 맞닥뜨렸을 때는 그 문제를 되도록이면 잘게 분해해 보자. 그러면 '뭐야, 별거 아니잖아' 하는 마음이 될 수 있다. 큰 문제는 머릿속에서 최대한 잘게 나누는 것이 포인트다. 산산조각 내 버리면 처음에는 크게 보였던 문제도 하나씩 하나씩 간단히 해치울 수 있는 문제라고 생각할 수 있다.

스탠퍼드대학의 앨버트 밴듀라는 7세에서 10세 아이들을 모아 절반에게는 "총 258쪽의 산수 문제집을 전부 풀어 주세요"라고 부탁했다. 그러나 258쪽이나 되었기 때문인지 마지막 문제까지 푼 아이는 55%뿐이었다.

밴듀라는 나머지 절반의 아이들에게는 문제를 잘게 나누어 주기로 했다. 즉 "매일 6쪽씩 풀어 주세요"라고 부탁한 것이다. 매일 6쪽씩 풀다 보면 258쪽의 문제집도 한 달 반이면 가능하다. 이 경우, 아이들은 74%가 문제집을 전부 풀었다고 밴듀라는 말한다.

큰 문제도 작게 나누어 버리면 전혀 무서울 게 없다. 어쨌든 눈앞에 있는 것은 작은 문제일 뿐이니까.

작은 문제를 하나씩 하나씩 해치우다 보면 최종적으로는 큰 문제도 해치울 수 있게 된다.

큰 문제가 닥치면 사람들은 대부분 '아무래도 이건 무리야' 하며 금세 체념하기 쉬운데, 그때가 바로 멘탈 팁이 등장할 때다. 머릿속에서 작게 나누어 버리면 큰 문제가 전혀 아니라는 생각이 들 것이다.

일상생활을 정형화한다

우리 생활에는 엄청나게 많은 선택이 넘쳐나고 있다.

아침에 일어나면 어떤 옷을 입을지 생각해야 하고, 아침 식사로 무엇을 먹을지도 생각해야 한다. 점심도 마찬가지다. 일을 마치고 귀가하고 나서도 텔레비전을 볼지 말지, 본다면 어떤 방송을 볼지 생각해야 한다.

이런 사소한 선택은 하나씩 봤을 때는 대수롭지 않아 보이지만, 쌓이고 쌓이면 큰 스트레스가 된다.

미국 스워스모어대학의 배리 슈워츠는 다음과 같이 얘기한다.

"현대인은 다양한 선택을 할 수 있으며, 그 사실만 보면 행복해 보이지만 실제로는 불행해졌다."

그의 연구 결과에 따르면, 수많은 텔레비전 채널 중 자신이 좋아하는 방송을 찾으려고 탐색하는 사람일수록 불만이 많았다. 또한 옷을 많이 가지고 있어서, 어떤 옷을 입을지 생각하는 사람일수록 역시 인생의 불만도가 높았다.

옛날 사람은 무엇을 하려고 하든 선택지가 없었다.

직업도 대개는 부모의 직업을 잇기 일쑤였고, 결혼 상대도 부모가 정해 주거나 고작해야 인근에 사는 사람 중에서 고를 뿐이었다. 식사도 매번 밥과 국과 나물 정도였고, 달리 생각할 것도 없었다.

그러나 현대인은 다르다. 그야말로 수많은 선택을 해야만 하고, 그때마다 일일이 스트레스를 느낄 수밖에 없게 되었다.

그러면 어떻게 해야 스트레스를 느끼지 않고 끝낼 수 있을까? 그 답은 간단하게도 일상생활을 최대한 정형화해 버리는 것이다.

이를테면 아침 식사는 반드시 과일이 들어간 그래놀라나 시리얼로 한다든가, 텔레비전은 정해진 뉴스 방송만 본다든가 하는 식으로 할 일을 정형화하는 것이다. 그렇게 하면 아무것도 생각하지 않고 행동할 수 있다. 일일이 고민할 필요도 없다.

옷 같은 건 애초에 다섯 벌만 사두면 그만이다. 그것을 월요일부터 금요일까지 입기로 하면 옷을 고르느라 고민하지 않아도 된다. 월요일은 이것, 화요일은 이것, 이런 식으로 정해 놓으면 자동으로 그날 입을 옷이 정해지니까 말이다.

하찮은 일로 고민하고 싶지 않다면 자신의 생활을 최대한 정형화해 보는 게 어떨까?

'매일 정해진 일만 하는 건 시시하다'라고 생각할지도 모르지만, 매일 다른 일을 하려고 하니까 피곤해지는 것이다. 때로는 매일 같은 일을 반복하는 편이 오히려 마음을 편안하게 해 준다.

하고 싶지 않은 일일수록 습관화한다

아무리 힘든 일도 일단 습관화해 버리면 쉬워진다.

예를 들어 "밖에 나가서 30km를 뛰어 달라"는 말을 들으면 그 누구라도 엄청 싫을 것이다. 절대로 하고 싶지 않다고 생각하기 마련이다. 그러나 한 금메달리스트는 현역 시절에 매일 30km를 달렸고, 이는 그에게 습관이었으므로 전혀 고통스러운 일이 아니었다고 한다.

식사 후에 양치하는 습관이 있는 사람이라면 양치질이 전혀 성가시지 않을 것이다. 어쨌든 그것이 자기에게는 당연한 일이 되었기 때문이다. 또한 매일 5시간씩 공부하는 사람에게는 5시간의 공부가 대수로운 일이 아니다.

일단 습관화하면 힘들어 보이는 일도 본인에게는 대수롭지 않은 일이 된다. 그러므로 하고 싶지 않은 일일수록 가능하면 빨리 습관화하는 것이 좋다.

사람 사귀기가 어렵다면, 누구를 만나든 먼저 인사하는 습관을 들여 보자. 일단 그런 습관이 몸에 배면 자연스럽게 말을 걸 수 있게 된다.

자기 쪽에서 먼저 인사하는 일이 습관화되면 사람을 만날 때마다 일일이 '인사하는 게 좋을까? 안 해도 될까?' 같은 생각을 할 필요가 없어진다. 잘 모르는 사람에게라도 '안녕하세요' 하고 인사를 할 수 있게 된다. 인사를 듣고도 상대가 모른 척할 수 있겠지만 그래도 딱히 신경이 쓰이지는 않는다.

습관화하는 요령은 간단하다. 어쨌든 처음 2주에서 3주는 일관되게 계속 해 나가는 것이다. 하다가 말다가 해서는 습관화할 수 없다.

런던대학의 필리파 랠리는 점심을 먹을 때 과일도 함께 먹거나 아침에 일어나면 물을 한 잔 마시는 새로운 습관 형성 실험을 했는데, 95%의 확률로 습관화되기까지 걸리는 기간이 짧으면 18일에서 길게는 254일까지로 폭이 넓었다.

빠른 사람은 2주에서 3주 만에 습관이 형성되는데, 실험 결과에 따르면 그런 사람은 새로운 습관이 형성되기까지 쉼 없이 일관되게 했던 사람이었다.

조깅이건 독서건 상관없다. 어떤 일에 착수했다면 첫 2주에서 3주가 가장 중요하다. 이때는 절대로 자신의 응석을 받아 주어서는 안 된다. 게으름을 피우면 좀처럼 습관화할 수 없을뿐더러 도리어 성가신 일이 되고 만다.

일단 습관화해 버리면 이제는 내 것이나 마찬가지다. 아무리 힘든 일도 거의 다 자동적으로 해치울 수 있게 되므로, 이렇게 고마운 일도 없다.

일단 결정했다면
그걸로 끝

어떤 결정을 내렸다면 '달리 더 좋은 방법이 있는 게 아닐까?', '다른 가능성이 있는 게 아닐까?' 하는 생각은 하지 않는 것이 바람직하다. 그렇지 않으면 계속해서 끙끙대고 만다.

자동차를 살 때, 차종을 정하기 전에는 이것저것 비교하는 것이 좋다. 다양한 정보 사이트를 보거나 여러 딜러를 만나 보는 것도 나쁘지 않다.

그러나 일단 정했다면 이제 아무것도 보지 않는 것이 바람직하다. 사기로 이미 결정했는데, 자동차 잡지를 계속 뒤적이면 자신의 선택이 과연 옳은지 불안해지기 마련이다.

미국 벨몬트대학의 패트리샤 머피는 《뉴스위크》《라이프》 등의 뉴스 잡지와《보그》《글래머》같은 패션 잡지를 보여 주고, 어느 것이 가장 매력적인지 판단하게 하는 실험을 한 적이 있다.

그랬더니 대부분이 '이게 제일이지!'라며 결정을 내린 뒤에 '아니, 역시 이쪽이 좀 더……'라고 생각한다는 사실이 밝혀졌다. 어째서인지 선택하지 않은 쪽이 더 매력적으로 느껴지기 시작한다는 것이다. 이렇게 우리는 무언가를 하나 고르고 나면 바로 다른 것이 신경 쓰이기 시작한다.

결정하고 나서 후회하고 싶지 않다면 어떻게 해야 할까?

더 이상 다른 곳에 눈을 돌리지 않으면 된다.

'이 사람과 결혼하겠어!'라고 마음을 먹었다면 '좀 더 기다리면 더 나은 사람이 나타나지 않을까?'라는 생각 따위는 해서는 안 된다. 그런 짓을 하다 보면 행복한 결혼을 할 수 없게 된다.

일단 취직했다면 '내게 다른 재능이 있는 게 아닐까?', '좀 더 내 적성을 살릴 수 있는 회사가 있지 않을까?' 하는 생각을 해서는 안 된다. 그런 생각을 하다 보면 지금 하는 일에 제대로 집중할 수가 없다.

아무튼 어떻게 하기로 결정을 내렸다면 더 이상 다른 데 눈을 돌리지 않는 것이 바람직하다. 이직 사이트 정보나 보고 있으면 '다른 데로 옮길까……' 하는 생각이 들기 마련이므로 처음부터 그런 정보는 의식적으로 피하는 것이 낫다.

세상에는 다양한 정보가 넘쳐나고 있지만, 나를 행복하게 해 주지 않을 정보는 가능한 한 접하지 않는 것이 좋다. 쓸데없는 정보를 보다 보면 지금의 자신에게 만족할 수 없어질 때가 많으므로, 너무 정보만 찾아다니지 않도록 조심하자.

후회를 동기 부여로 삼는다

인생에는 실패가 따라붙는 법이다. 어떤 일이든 매사 순풍에 돛 단 듯 흘러가는 쪽이 오히려 드물다.

실패는 당연하고 후회도 당연한 일이다.

'좀 더 다른 방법으로 했더라면……'

'좀 더 조심하면서 했더라면……'

실패하고 나면 우리는 매우 우울해진다.

그러나 그런 후회에도 사실은 장점이 있다. 속상한 마음이 들었다면 그것을 자기 성장의 동기 부여로 바꿔 보는 게 어떨까? 아쉬워서 못 견딜 것 같으면 '두 번 다시 같은 실수는 하지 않겠다!' 생각해 버리면 그만이다. 속상한 마음이 들지 않도록 자신의 행동을 고치면 된다.

생각해 보면, 우리는 실패를 통해 반성의 기회를 갖게 된다. 일이 잘 풀리고 있을 때는 절대로 반성 따위 하지 않는다. 할 필요가 없기 때문이다. 결국 실패란 자신의 언동을 돌이켜 보고 그것을 고칠 기회이기도 하다.

후회할 일이 있을 때는 그것이 동기 부여로 잘 이어지도록 생각해 보자. 그렇게 하면 후회하는 일에도 의미가 있다.

미국 노터데임대학의 수잔 나스코는 학생 293명이 한 달의 기간을 두고 시험을 2회 치렀을 때, 첫 번째 시험을 크게 망치고 '좀 더 공부했더라면 좋았을 텐데' 하고 후회하는 학생일수록 두 번째 시험에서 고득점을 받을 수 있다는 사실을 밝혀냈다.

첫 번째 시험을 망친 학생은 당연히 속상했을 것이며, 분한 마음이 있었기에 두 번째 시험에서 좋은 성적을 거둘 수 있었다고도 할 수 있다.

비즈니스상 중요한 미팅을 크게 망치고 말았거나 클라이언트 앞에서 프레젠테이션을 제대로 하지 못했다면, 생각하기에 따라서 기회가 될 수도 있다. 창피했다면 그것을 동기 부여로 삼아 자기 행동을 바꿀 계기로 만들 수 있기 때문이다.

후회할 때는 '나는 글렀다', '나는 무능한 사람이다'라는 식으로 자신을 괴롭힐 것이 아니라, '앞으로는 좀 더 이렇게 해야겠다'라는 식의 진취적인 방향으로 후회하자. 진취적인 후회는 동기 부여를 낳는다. 어차피 후회할 바에는 그렇게 후회하는 편이 낫다.

싫은 기분을
종이에 적어 봉한다

불안, 초조, 분노, 질투 같은 부정적인 감정이 가슴에서 솟구친다면 그것을 전부 종이에 적어 본다. 종이에 적다 보면 서서히 마음이 후련해지는 것을 느낄 것이다.

여기에 팁 하나를 더해 보자.

적은 종이를 봉투에 제대로 넣고 봉해 버리는 것이다. 그렇게 하면 싫은 감정도 옅어지는 것을 느낄 수 있다.

싱가포르국립대학의 리슈핑은 사람들이 자기 기분에 '뚜껑'을 닫는다든가 자기 기분을 '봉합'한다는 표현을 쓰는 데 착안하여, 말 그대로 '감정을 봉투에 넣어 보면 불쾌한 기분이 후련해지는 것이 아닐까?' 하는 가설을 세워 보았다.

이 가설을 검증하기 위해서 리슈핑은 대학생 80명을 모집해 부정적인 감정을 종이에 적도록 했다. 그러고 나서 40명에게는 종이를 그대로 제출하게 하고, 나머지 40명에게는 종이를 봉투에 봉합하여 제출하게 했다.

그랬더니 봉투에 넣었던 쪽의 부정적인 감정이 거의 사라진 결과가 나왔다고 한다.

'부정적인 감정을 적은 종이를 봉투에 넣는다'라는 사소한 수고 하나를 더함으로써 '자, 이것으로 불쾌한 감정은 여기에 딱 봉인했다!'라는 기분이 될 수 있는 것이다. 부정적인 감정을 구체적인 행동으로 '봉인'함으로써 훈련해질 수 있다.

불쾌한 일이 있었을 때는 그 감정을 종이에 적어 보자. 왜 이렇게 짜증이 치미는지, 왜 이렇게 괴로운지 종이에 적어 나가다 보면, 자신의 기분을 새롭고 냉철하게 지켜볼 수 있게 되어 감정을 정리할 수 있다. 어느 정도 문장을 적고 그것을 봉투에 넣으면 그것으로 끝이다.

머릿속으로만 부정적인 감정을 처리하기는 어렵다. 같은 것만 계속 생각해 버리기 때문이다. 말하자면 제자리 맴돌기다. 그런 점에서 종이에 적는 방법은 어느 정도 하다 보면 귀찮아져서 '이쯤 했으면 됐다' 하고 일단락을 짓기 쉬워진다. 즉 시간에 단락을 지어 부정적인 감정을 처리할 수 있는 것이다. 대부분 15분에서 20분 정도 종이에 쓰고 나면 이제 마음이 후련해질 것이다.

　가까운 데 봉투가 없을 때는 다 쓴 종이를 찢어서 버리면 된다. 종이를 잘게 찢음으로써 부정적인 감정도 가루로 만들어 버렸다는 카타르시스를 얻을 수 있기 때문이다.

자신보다 상황이 안 좋은 사람을 생각한다

자신의 환경이나 인생에 불만이 느껴질 때는 자기보다 처지가 나쁜 사람을 생각해 보자. 물론 남몰래 마음속으로만 말이다.

'나도 심각한 상태지만 저 사람에 비하면 그래도…….'

'하찮은 인생이지만, 그래도 ○○씨랑 비교하면…….'

이런 식으로 자기보다 처지가 나쁜 사람을 생각하다 보면 자연스레 '난 그렇게까지 나쁘지는 않다'라는 안도감을 느낄 수 있을 것이다. 자신보다 불행한 사람을 보고 있으면 나도 모르게 안심하게 되는 것이 인간의 본성이다.

캐나다에 있는 서니브룩 헬스 사이언스 센터의 이자벨 바우어는 18세부터 35세까지의 56명, 60세 이상의 48명에게 '자기보다 상황이 안 좋은 사람과 비교하는' 경향이 얼마나 있는지 조사하는 한편, 그 사람이 어느 정도 행복한지 측정해 보았다.

그 결과, 젊은 사람이든 나이 든 사람이든 자기보다 상황이 안 좋은 사람과 비교하는 사람일수록 행복감을 쉽게 느낀다는 사실이 밝혀졌다. 윤리적으로 타인을 깔보아서는 안 되겠지만, 그렇게 함으로써 자신이 행복해질 수도 있으니 남모르게 한번 해 보자.

한편 절대로 해서는 안 될 일이 '자기보다 상황이 나은 사람과 자신을 비교하는 일'이다.

'저 사람은 월급도 저렇게 많이 받는데 나는……'
'저 사람은 근사한 남자랑 결혼했는데 나는……'

이렇게 자기보다 상황이 나은 사람과 비교하면 괜히 우울해질 수밖에 없으므로 주의해야 한다.

"벗들이 모두 나보다 대단하게 보이는 날이여"라고 일찍이 일본의 시인 이시카와 다쿠보쿠가 글을 남겼다. 이시카와 다쿠보쿠는 친구와 자신을 비교하면서 하찮은 자신을 한탄하고 있는데, 그렇다면 도대체 누구와 비교하고 있는 걸까?

사실 이시카와 다쿠보쿠가 자신과 비교하고 있는 '친구'는 도쿄대 교수와 큰 신문사의 잘나가는 기자였다. 그런 사람과 자신을 비교했으니 자신이 하찮은 존재라는 생각이 들 법도 하다.

설령 연봉이 1000만 원이라 해도 800만 원인 사람과 비교하면 '내 인생도 썩 나쁘지 않아' 하는 마음이 들 수 있다. 좀 더 가혹한 처지에 있다 하더라도 '세상에는 더 적은 돈으로도 생활하는 사람이 얼마든지 있다'라고 생각해 보면 그 나름대로 만족할 수 있지 않을까.

부정적인 생각이 들 때는 '고무줄로 손목을 찰싹'

'생각하고 싶지 않은데도 계속해서 부정적인 생각만 들 때' 적용할 수 있는 비장의 팁을 하나 소개한다.

준비물은 둥근 모양의 고무줄 하나. 그것을 손목에 차면 준비 완료다. 이제 남은 일은, 생각하고 싶지 않은 일이 머릿속에 떠오를 때마다 고무줄을 당겨 손목을 찰싹 때리는 것뿐이다. 달리 할 일은 더 이상 없다.

'저런 방법이 정말 효과가 있을까?'

많은 분들이 이렇게 생각할 것이다. 그러나 이 방법은 치료법 중 하나로, 이상한 버릇이나 이상한 사고 습관이 있다면 고무줄 하나로 개선할 수 있다. 속는 셈 치고 꼭 한번 시도해 보면 어떨까? 틀림없이 효과가 있다고 장담한다.

미국 펜실베이니아주에 있는 펜델 정신의학 센터의 맥스 매스텔론은 이 고무줄 요법으로 다양한 고민의 사람들을 치료하는 데 성공했다.

매스텔론은 습관적으로 머리카락을 뽑는 발모증에 2년 반 넘게 시달리는 여자아이에게 고무줄 요법을 시도해 보았다. 이 아이는 친구들과 전화로 수다를 떨 때나 텔레비전을 보고 있을 때 손가락으로 머리카락을 꼬아서 뽑아 버리는 나쁜 버릇이 있었다.

그래서 이 버릇이 나올 것 같으면 스스로 손목에 찬 고무줄을 당겨 찰싹 때리고 "자, 그만!"이라고 말하게 했다. 그랬더니 이 요법을 시도한 지 한 달 반 만에 발모증이 사라졌고, 9개월 후에도 그 상태를 유지했으며, 고무줄을 차지 않아도 원래대로 돌아가지 않았다고 한다.

또 매스텔론은 성적인 공상만 하는 27세 남성에게 성적인 공상이 머리에 떠오를 것 같을 때마다 고무줄을 찰싹 당기게 함으로써 역시 증상을 치료할 수 있었다고 밝혔다.

부정적인 사고가 머릿속에서 맴돌거나 지나친 생각으로 불면증에 걸렸다면 고무줄을 손목에 차고 떠오를 때마다 찰싹 소리 나게 당겨 보자. 처음에는 성가시겠지만 그렇게 해서 부정적인 사고에서 해방될 수 있다면 그보다 좋은 일도 없지 않을까.

지금의 고민은
나이가 들면 사라진다

젊은 시절에는 사소한 일조차 신경 쓰이는 일이 많다. 고민이 너무 많아서 '평생 이렇게 고민만 하면서 사는 걸까?' 하고 비관적인 생각을 할지도 모른다.

하지만 안심해도 좋다. 사소하고 시시한 일로 고민하는 것도 젊은 시절 이야기일 뿐이다.

30대까지만 해도 친구에게 보낸 문자나 메시지의 답장이 늦어지면 '혹시 내가 뭔가 실례되는 말이라도 했나?' 하고 여러 가지 고민에 빠지기도 한다. 물론 모두 다 그렇지는 않겠지만, 보통 40대 ~50대가 되면 그런 사소한 일은 별로 신경 쓰이지 않게 된다. 사내에 떠도는 이상한 소문에도 관심이 적어지고, 마음 또한 느긋하고 대범해져서 끙끙 앓는 일도 줄어든다.

미국 덴버대학의 아만다 셀크로스는 21세부터 73세까지 다양한 연령의 성인을 대상으로 일상에서 얼마나 부정적인 감정에 시달리는지를 조사해 보았다.

그 결과, 나이가 많아짐에 따라 그런 고민이 줄어드는 뚜렷한 경향을 발견할 수 있었다.

지금 이 책을 읽는 여러분도 어쩌면 이 순간 여러 가지 고민이 있을지 모르지만, '나이가 들면 이런 것도 없어지겠지' 하고 마음 편하게 생각하길 바란다. 대부분 나이가 들면서 고민도 줄어들기 마련이니까 말이다.

나 또한 젊은 시절에는 시시한 문제로도 화를 내기 일쑤였는데, 이 연구에서처럼 분노의 감정도 나이와 더불어 사라져 간다는 것을 느끼고 있다.

급한 성격 탓에 음식점에서도 주문을 받으러 오는 직원이 조금 늦어지기만 해도 화를 냈었지만, 최근 몇 년 동안에는 전혀 화를 낸 적이 없다. 업무 관련 메일에 회신이 늦는 사람에게도 짜증이 치밀었지만, 최근에는 그런 일도 없다. '뭐, 됐어' 하고 가볍게 받아넘길 수 있게 되었다.

『젊은 베르테르의 슬픔』이라는 괴테의 유명한 소설도 있지만, 젊은 시절에는 작은 일로도 고민하고 비관하며 자살까지 생각하는 일도 있다. '왜 그런 일로 이렇게까지?' 하고 놀랄 정도로 고민하는 일이 많다.

평생 계속 고민해야만 할까? 절대로 그렇지 않다.

대부분의 사람들은 나이가 들면서 그렇게 일일이 신경 쓰지 않게 되기 때문이다.

지갑에 많은 돈을 넣어 둔다

야쿠자는 지갑에 현금을 잔뜩 넣고 다닌다는 이야기를 들은 적이 있다. 쓸데없이 돈을 쓰기 위해서가 아니다. '나는 많은 돈을 가지고 있다'라는 사실만으로도 거물이 된 듯한 느낌이 들어 심리적으로 위축되지 않기 때문이라고 한다.

그 세계는 얕보이면 끝장이다. 언제든 자신만만하고 여유 있는 태도를 보여야 한다. 그렇기에 야쿠자는 현금을 잔뜩 들고 다니면서 심리적으로 자신을 강화한다.

이 방법은 우리에게도 참고가 된다. 돈을 많이 들고 다니기만 해도 사람은 마음이 차분해지고 사소한 일에 겁을 먹지 않는 경향이 있다. 돈이 있다는 것은 그만큼 마음이 든든하다는 것이다. 그런 점에서 현금을 많이 들고 다니기만 해도 가슴을 펴고 활보할 수 있게 되는 것이다.

미국 리처드스톡턴대학의 마르셀로 스피넬라는 '수입과 기분의 상관관계'에 대한 연구를 했는데, 수입이 높은 사람일수록 혼란을 겪는 일이 적고 우울감을 느끼기 어려우며 긴장하는 일도 적었다고 한다.

부자는 안정적인 정신 상태로 지낼 수 있다는 이야기인 셈이다.

비슷한 조사를 쿠웨이트대학의 아흐메드 압델칼렉도 진행한 바 있다. 양친이 중류계급부터 상류계급인 아이는, 하류계급 아이와 비교했을 때 불안이나 걱정을 느끼는 일이 적었다. 부모가 부자라는 것만으로도 아이의 고민까지 적어진다.

실제로 부자가 되기는 어렵지만, 어느 정도 돈을 들고 다니는 정도라면 우리도 실행에 옮길 수 있다. '대체 얼마나 들고 다녀야 하나?'라는 생각도 들겠지만 정해진 금액은 없다. 사람에 따라 기준이 다르기 때문에 액수는 달라지기 마련이다.

'이렇게 돈을 가지고 있다니 나는 풍족하다'라고 느낄 정도의 돈이면 얼마라도 상관없다. 사람에 따라서는 5만 원만 가지고 있어도 자신감이 생길 수도 있고, 100만 원은 들고 다녀야 되는 사람도 있을 것이다.

물론 돈은 자신 있고 당당하기 위해 들고 다니는 것이지, 낭비하기 위한 것이 아니므로 주의하자. 지갑에 돈을 넣어 둘 경우 금세 써 버린다면 이 방법은 추천하지 않는다. 지갑에 돈이 많아도 쓰지 않고 참을 수 있는 사람만 사용해 볼 것을 추천한다.

너무 많은 것을
바라지 않는다

인생이 불만스러운 사람에게 공통적으로 발견되는 특징이 하나 있다. 바로 너무 많은 것을 바란다는 점이다.

대저택에 살고 싶다거나 월급이 훨씬 더 많았으면 좋겠다거나 아주 많은 것을 갖고 싶다는 등, 여러 가지로 너무 큰 희망을 품고 있기에 현실과 괴리를 느끼고 불만이 높아지고 만다.

스위스 취리히대학의 하네스 슈반트에 따르면, 많은 것을 바라지 않는 사람이 더 행복한 인생을 보낼 수 있다. 큰 기대를 품고 살면 현실과의 괴리가 커지고, 그것이 불만을 낳게 된다는 이야기다.

슈반트가 독일인 13만 명을 대상으로 오랜 기간 동안 조사한 결과를 분석해 보니, 인생의 만족도는 고령자가 젊은이나 중장년보다 훨씬 높았다. 왜 고령자 쪽이 인생의 만족도가 높을까? 그들은 애초에 큰 것을 바라지 않기 때문이다. 여러 가지를 바라고 큰 기대를 품는 것은 젊은이나 중장년이다. 대체로 많은 것을 바라지 않기 때문에 고령자는 현실과의 괴리에 고통스러워할 일이 없다.

너무 큰 이상이나 꿈을 품다 보니 도리어 고통스러워지는 것이다.

본인의 상황에 맞는 꿈을 꾸었을 때 행복하게 지낼 수 있다는 사실을 기억해 두자.

미국 로체스터대학의 팀 캐서는 "아메리칸드림은 환상이고, 그런 꿈은 꾸지 않는 편이 낫다"라는 연구 결과를 내놓았다.

캐서는 '금전적 성공', '더 나은 외모', '사회적인 인정' 등 사람들이 바라는 32가지 꿈을 조사한 적이 있는데, "꿈이 많은 사람일수록 고민이 많고 면역력이 떨어져 편두통을 앓거나 감기에 쉽게 걸린다"는 결론을 내렸다.

많은 것을 욕심내다 보면 도리어 불행해지고 만다. 그런 인생을 살고 싶지 않다면 애초에 너무 큰 꿈은 가지지 않는 게 낫다. '서 있을 때 다다미 반 장, 누웠을 때 다다미 한 장'이라는 일본 속담은 교훈을 담고 있다. 생활을 위해서라면 다다미 한 장 분량의 넓이만 있으면 족하고, 사용하지 않는 방이 몇 개씩 있는 큰 집을 가진들 아무 의미가 없으므로 그런 것을 바라는 사람은 어리석다는 가르침이다.

하루에 열 번
자신을 칭찬한다

세상에는 불안해하지도 우울해하지도 않고 타인에게 딱히 화도 내지 않는, 그야말로 부러워할 만한 사람이 있다.

하와이대학의 일레인 하이비의 연구에 따르면 그런 사람들의 공통점이 '자신을 칭찬해 주는 능력'이라고 한다. 타인에게 칭찬을 받지 않아도 스스로 자신을 칭찬해 주는 사람은 불안, 우울, 적개심 같은 부정적인 감정이 적어지는 경향이 있다는 이야기다.

일하다 실패하더라도 자신을 칭찬하는 능력이 있는 사람은 그렇게 침울해하지 않는다. '뭐, 됐어' 하고 태연스레 잊어버린다.

그렇게 부러운 성격이 되고 싶다면 스스로 자신을 칭찬하는 능력을 익히자. 그러려면 매일 거울을 보고 최대한 많이 자신을 칭찬해 주어야 한다. 처음에는 창피하다는 생각이 들지 모르지만, 연습하다 보면 곧 익숙해진다. 게다가 자신을 자랑스럽게 느낄 수 있다면 그야말로 기분 좋은 일이다.

적어도 하루에 열 번은 자신을 칭찬해 주자.

"넌 눈빛이 차분해서 멋져!"

"누구에게나 친절한 게 네 장점이야."

"언제나 청결하다니, 멋지다!"

거울 속 자신에게 그런 칭찬의 말 한마디를 자꾸자꾸 던져 보자.

사소한 일로 고민하는 일이 많은 사람은 대체로 자기혐오의 감정이 강한 편이다. 자신을 괴롭힐 법한 일만 생각하는 경향이 있어서 점점 우울해진다. 고민을 덜어내고 싶다면 일단은 자기혐오라는 감정을 최대한 개선할 수밖에 없다. 그러려면 어쨌든 자신을 칭찬하는 버릇을 들여야 한다.

설령 배가 불룩 튀어나와 있어도 "배가 좀 귀엽네" 하고, 얼굴이 약간 정돈되어 있지 않더라도 "잘 보면 엄청 귀여운 얼굴인걸" 하고 칭찬해 보자. 그래야 자신도 행복해지고 작은 일로 속 끓일 일도 사라진다.

사실은 타인에게 칭찬을 받는 것이 제일이지만, 좀처럼 그렇게 내가 원하는 대로 해 주는 사람이 잘 나타나지도 않는다. 그런 점을 생각했을 때 스스로 자신을 칭찬하는 것은, 하고자 하는 마음만 있으면 당장에라도 실행할 수 있어 편리하다. 타인이 칭찬해 주기를 언제까지고 기다리기보다 스스로 자신을 칭찬해 주는 것이 쉬운 방법이다.

나르시시스트가 된다

자기혐오에 사로잡혀 있는 동안에는 좀처럼 행복해질 수 없다. 따라서 어느 정도는 나르시시스트로 사는 편이 좋다.

'자기 자신을 사랑하는 나르시시스트' 하면 눈꼴사나운 사람이 떠오를지도 모르지만, '마음의 건강'이라는 관점에서 보면 나르시시스트로 사는 것은 그야말로 좋은 일이다.

영국 사우샘프턴대학의 콘스탄틴 세디키데스는 "나르시시스트는 심리적인 건강도가 높다"는 내용의 논문을 발표했다.

세디키데스에 따르면 나르시시즘에는 다음과 같은 장점이 있다고 한다.

- 매일의 슬픔과 우울함을 덜어 준다
- 매일의 고독감을 줄여 준다
- 매일의 불안을 줄여 준다
- 매일의 신경질적인 경향을 줄여 준다
- 매일의 심리적 건강도를 높여 준다

'심리적 건강도'라는 부분이 주관적인 느낌이라 선뜻 이해하기 어려울 수도 있는데, '나는 행복하다', '나는 만족스러운 인생을 살아갈 수 있다'라고 느끼기 쉬워진다는 의미다.

나르시시스트가 되면 이런 장점도 있다.

앞서 하루 열 번은 자신을 칭찬하라는 조언을 했는데, 이것은 자신을 좋아하기 위해서다. 자신을 좋아하게 되면 시시한 일로 끙끙대지 않게 된다. 자신을 너무 좋아하게 되어서 주변 사람들이 "저 사람은 나르시시스트야"라고 할 정도가 되면 대단한 일이다.

모델을 할 법한 미인일지라도 '난 그렇게 예쁘지 않아'라는 생각에 젖어 있으면, 객관적으로 아무리 아름다워도 역시 부정적인 사고에 시달리고 만다. 그렇게 얼굴 생김새가 빼어나지 않더라도 그런 자신을 받아들이고 좋아하는 사람이 행복하게 살아가는 것과 대조를 보인다.

물론 타인에게는 자신이 나르시시스트임을 드러내지 않는 편이 좋다. 오히려 나르시시스트라는 사실을 겸허히 숨겨 두는 편이 바람직하다. 설령 자신에게 재능이 있는 것 같아도 남들 앞에서는 "아뇨, 별말씀을. 전 아직 멀었습니다"라고 말하는 것이다. 그렇게 하면 결코 남에게 미움받을 일이 없다.

하지만 마음속에서는 자신을 좋아해야만 한다. 자신을 나쁘게 말하지 말 것. 그것이 마음의 건강도를 높이는 일임을 확실하게 인식해 두어야 한다.

어두운 사람과는
최대한 거리를 둔다

감정이나 기분은 사람에게서 사람으로 감염되는 경향이 있다.

밝고 쾌활하며 붙임성 좋은 사람과 함께 있으면 나도 신바람이 나는 반면, 비관적이고 불평 많은 사람과 함께 있으면 나도 푸념만 내뱉는 사람이 될 수 있으므로 주의해야 한다.

'어째선지 이 사람이랑 함께 있으면 나까지 우울해지는 것 같아' 싶은 사람과는 되도록이면 거리를 두는 편이 좋다. 인사를 하거나 사무적인 보고를 하는 정도라면 괜찮지만, 그 외에는 최대한 접점을 만들지 않도록 조심한다. 어두운 사람과 함께 있다 보면 나까지 그렇게 될 수 있기 때문이다.

이왕이면 태양같이 밝은 사람이 좋다. 그런 사람에게는 먼저 말을 걸어 친하게 지내보자. 그렇게 하면 틀림없이 성격도 마음도 밝아질 것이다.

감정 전염이 무서운 까닭은 자기도 모르는 사이에 함께 있는 사람의 영향을 받기 때문이다.

텍사스대학의 토머스 조이너는 학생 기숙사에서 같은 방을 쓰는 룸메이트들의 성격을 5주에 걸쳐 조사한 적이 있는데, 한쪽이 우울한 성향을 보이면 5주 후에는 그 룸메이트까지 우울한 성향을 보이게 된다는 사실을 밝혀냈다. 감정 전염 효과를 일으킨 것이다.

만약 비관적이고 우울해지기 쉬운 성격 때문에 고민하고 있다면, 일단은 먼저 자신이 어떤 사람과 친하게 지내고 있는지 생각해 보자.

자주 연락하는 상대는 어떤 사람인가?

어쩌면 자주 푸념하고 불평만 늘어놓는 사람과 친하게 지내고 있을지도 모른다. 그렇다면 그런 사람과 어울리는 일은 조금씩 줄이고, 한없이 밝은 사람과 연락을 주고받는 것이 낫다. 그렇게 하면 그 밝음을 자신도 나누어 받을 수 있기 때문이다.

직장에 분위기가 어두운 사람이 있고, 상황상 그 사람과 어울려 지내야 한다면 어떻게 해야 할까? 거리를 두고 싶어도 물리적으로 어려운 상황도 종종 있다.

그럴 때는 힘들기는 하지만 자신이 한없이 밝은 사람이 되는 수밖에 없다. 연기라도 상관없다. 방긋방긋 붙임성 있게 웃어 보이고, 활기차게 이야기한다. 그렇게 하면 나의 밝음이 상대에게 감염될지도 모른다. 상대의 어두움에 지지 않을 만큼만 이쪽에서 밝게 행동하면, 어느새 상대 또한 조금씩 밝아지는 것도 아예 기대 못 할 일은 아니기 때문이다.

할 수 있는 일은 뭐든 스스로 한다

스스로 할 수 있는 일은 남에게 의존하지 않고 뭐든 스스로 하는 게 좋다. 타인에게 맡기면 편할 것 같지만, 매사를 타인에게 맡기면 맡길수록 나의 활력은 사라져 가기 때문이다.

동물원에서 사육되는 동물들은 제힘으로 먹이를 구하지 않는다. 사육사가 먹이를 가져다주기 때문이다. 그러나 스스로 움직여 먹이를 구하지 않아서인지 아무래도 기운이 없다. 동물은 움직이지 않으면 힘을 점점 잃는다.

인간도 마찬가지다. 타인에게 의존하며 지내다 보면 살아가는 데 필요한 기력이 점점 사라진다.

예일대학의 주디스 로딘은 어느 노인 요양 시설과 협력하여 이런 실험을 한 적이 있다.

 실험 전까지 그 시설에서는 스태프들이 뭐든 다 해 주었다. 그런데 로딘은 입소한 노인들에게 무슨 일이든 되도록이면 스스로 해 줄 것을 요청했다. 제힘으로 몸단장을 할 수 있는 사람에게는 혼자서 옷을 입도록 하고, 몸을 움직일 수 있는 사람에게는 시설 안 식물의 물 주기 같은 일을 맡겼다. 그때까지 모두 스태프가 해 왔던 일이다.

 그랬더니 희한한 일이 벌어졌다. 그때껏 기운이라고는 없던 노인들이 눈에 띄게 기운을 차린 것이다. 서로 방 바깥으로 나가는 일도 많아지고, 대화도 늘었으며 미소 띤 얼굴도 많이 볼 수 있었다. 그리고 무엇보다 시설에서 사망하는 사람도 줄었다.

 자신이 할 수 있는 일이라면 타인에게 의존하지 않고 뭐든 스스로 해야 기운이 나는 법이다.

 일도 마찬가지다. 걸핏하면 바로 남에게 기대는 사람에게 의욕이 생길 리 없다. '뭐든 내 힘으로 해 주마!'라는 마음으로 일에 몰두해야 일이 재미있어지고 활력도 용솟음친다. 또한 타인에게 기대지 않는 것은 자기 성장에도 도움이 된다.

 청소나 설거지도 스스로 먼저 해 보는 게 어떨까? 그래야 몸에도 활기가 돈다. 아내나 남편에게만 맡기는 것이 아니라 스스로 할 수 있는 일은 뭐든 해 보는 것이 바람직하다.

도저히 혼자서는 할 수 없는 일이라면 타인의 힘을 빌릴 수밖에 없다. 그러나 스스로 할 수 있는 일까지 타인에게 맡겨서는 안 된다. 직접 움직여야 비로소 몸과 마음이 모두 활성화되어 매일 즐겁게 지낼 수 있는 법이다.

몸을 움직이는
습관을 들인다

팬데믹으로 외출을 삼가는 사람이 많아졌고, 재택 근무를 하는 사람도 늘었다. 하지만 계속 집에만 틀어박혀 지내는 것도 그다지 바람직하지 않다. 몸을 움직이지 않으면 점점 부정적인 기분에 빠져들기 때문이다.

   인간도 동물과 동류다. 동물이란 말 그대로 움직이는 생물이다. 인간을 포함하여 모든 동물은 움직이지 않으면 몸도 마음도 이상해져 버린다. 우리에 갇혀 지내는 동물이 기운을 잃는 까닭도 그래서다.

   적어도 하루에 20분에서 30분 정도는 반드시 몸을 움직이는 습관을 들이는 것이 좋다. 그렇게 하면 마음도 개운해지고, 답답한 심정도 날려 버릴 수 있다.

스페인에 있는 산토토마스대학의 파블로 데 라 세르다는 우울증에 시달리는 여성 80명을 모집하여 40명에게는 항우울제만 주고, 나머지 40명에게는 항우울제에 '주 3회의 에어로빅'을 추가 처방했다. 에어로빅으로 몸을 많이 움직이게 한 것이다.

항우울제만 처방받은 그룹에서는 36.5%가 우울 증상을 억제할 수 있었다. 우울증의 병증이 '약하다' 또는 '없다'가 된 것이다.

그런데 에어로빅을 추가한 그룹에서는 무려 58.5%나 되는 여성이 우울증 증세가 '약하다' 혹은 '없다'가 되었다. 항우울제만 먹기보다는 거기에 운동을 더했더니 효과가 훨씬 높아진 것이다.

현대 사회에서는 우울증에 시달리는 사람이 많아졌는데, 그것은 사회가 편리해짐에 따라 신체를 움직이는 일이 점점 줄었기 때문이다. 테크놀로지의 발달 덕분에 몸을 움직일 필요가 줄어들었다는 사실이 얼핏 고맙게 여겨질 수도 있다. 하지만 동시에 인간의 의욕을 빼앗는 결과로도 이어졌다.

운동을 하면 자연스럽게 체력이 붙는다. 그리고 체력이 붙으면 마음도 강해진다. 마음과 몸은 밀접하게 연결되어 있으므로 몸을 단련하면 마음도 강해지는 법이다.

'요즘 뱃살이 좀 잡히는데……'

'계단 좀 올랐다고 이렇게 숨이 차다니……'

이런 자각 증상이 있다면 꼭 운동을 시작하자. 체육관에 다녀도 좋지만 그러려면 돈이 드므로 집 주변을 가볍게 걷기만 해도 된다. 하루에 30분 정도 몸을 움직이기만 해도 부정적인 일을 생각하거나 우울감에 젖는 일이 상당히 줄어들 것이다.

NO. ....

2장
내 안의 불안감을 가라앉히기

현실은 생각만큼 나쁘지 않다

불안감이 높은 사람은 자기평가가 몹시 낮은 경향이 있다. 이를테면 어떤 일을 맡겼을 때, 사실은 그렇게 나쁘지도 않은데 자신의 업무 성과가 몹시 나쁘다고 확신해 버리는 식이다.

캐나다 브리티시컬럼비아대학의 린 알덴은 내성적이고 자기주장이 약한 사람을 모아서 '자기주장이 강한 사람이 된 척' 연기를 시키는 실험을 한 적이 있다. 그 장면을 비디오에 녹화해 많은 사람들의 의견을 받았다.

일단 자기주장이 약한 사람에게 자신의 연기를 평가하게 하자 악평을 했다.

"목소리가 떨린다."

"손도 떨고 있다."

그러나 비디오를 본 사람들의 평가는 달랐다.

"아주 능숙하게 이야기를 한다."

"화법이 매끄럽다."

"불안 따위는 전혀 느끼지 않는 것 같다."

이런 식으로 매우 평가가 높았다.

결국 틀렸다고 생각하는 것은 본인뿐이었다. 부정적인 확신에 사로잡혀 자신은 틀렸다고 생각해 버리는 것이 불안한 사람의 특징이기도 하다.

만약 여러분이 발표를 하게 되거나 프레젠테이션을 하게 되었다고 하자. 아마 발표나 프레젠테이션이 끝나고 나면 엄청나게 낙담할지도 모른다.

'최악의 발표였다'라고.

그러나 발표를 들은 사람들은 실제로 그렇게 나빴다고는 생각하지 않을 것이다.

자기평가와 타인의 평가는 크게 엇갈린다. 우리는 자기 자신을 매우 혹독하게 평가하곤 한다. 실제로는 그렇지도 않은데 말이다.

나는 대학에서 20년 정도 교편을 잡고 있는데, 몇 년이 지나도 강의 실력이 형편없다고 생각했다. 무엇을 말해야 할지 나 자신도 잘 모를 때가 자주 있기 때문이다. 하지만 수강생들의 평가는 꽤 높은 편이다. '나만 못한다고 잘못 확신했을 뿐'이라는 생각이 들어 요즘은 그다지 개의치 않는다.

무언가 신경 쓰이는 일이 있다면, 그런 식으로 생각하는 것이 혹시 자기뿐이 아닌지 생각해 보자. 타인은 전혀 그렇게 생각하지 않을 때가 많기 때문이다. 실제로 남의 일인데 대부분은 아무래도 좋다고 생각하지, 그렇게 엄격한 눈으로 보지 않는다.

긍정적인 감정으로
부정적인 감정을 지운다

우리는 상반되는 두 가지 감정을 동시에 품을 수 없다. 기쁨이나 흥분 같은 긍정적인 감정과 분노나 억울함 같은 부정적인 감정을 동시에 맛볼 수는 없는 것이다. 그렇기에 불안이 있을 때도 그것과 상반되는 긍정적인 감정을 부딪치면 불안을 없앨 수 있다.

미시간대학의 바버라 프레드릭슨은 이러한 내용을 실험으로 확인했다.

프레드릭슨은 우선 대학생 95명을 앞에 두고 "지금부터 1분 동안 준비해서 3분 스피치를 하겠습니다"라고 알렸다. 이것은 불안과 긴장을 높이기 위한 조작이었다.

다음으로 학생들에게 마음을 편안하게 하는 비디오를 감상하도록 했다. 해변에 파도가 밀려오는 영상, 강아지가 천진난만하게 뛰어다니는 영상을 보여 주고 편안함과 즐거움을 느낄 수 있도록 한 것이다.

그랬더니 어떻게 되었을까? 스피치를 해야만 하는 상황에 몰려 높아져 있던 학생들의 불안과 긴장이 고작 20초 정도의 비디오를 보고 거의 사라지고 말았다.

불안과 긴장을 느꼈다면 즐거운 일, 유쾌한 일을 생각해 보면 좋다. 그렇게 하면 불안과 긴장도 간단히 지울 수 있다. 우리는 상반되는 감정을 동시에 품을 수 없기 때문이다.

업무 중에 스트레스를 느낄 때라면 즐거운 몽상을 해 보자.

'저녁에는 맛있는 햄버거를 먹어야지.'

'오랜만에 코가 삐뚤어지도록 마셔 볼까.'

'주말에는 단풍 보러 드라이브 가야지.'

그런 일들을 머릿속에 그리며 히죽히죽하다 보면 어느새 스트레스도 깔끔하게 사라지고 만다.

이 방법은 불안을 가라앉히는 데 유용할 뿐 아니라, 분노를 부정할 때도 쓸 수 있다. 상사에게 잔소리를 듣고 울컥 짜증이 치밀었을 때도 자신이 행복해질 수 있을 만한 일을 잠깐 떠올리다 보면 분노도 어느새 가라앉는다.

부정적인 감정이 치솟았을 때는 바로 긍정적인 감정을 맞부딪

처 밀어내 버리는 것이 좋은 작전이다. 떠올리면 유쾌해질 만한 소재도 미리 정해 놓자.

자식 사랑이 끔찍한 사람이라면 웃고 있는 아이의 사진을 스마트폰에 저장해 두고 부정적인 기분이 되었을 때 그 사진을 보는 방법을 권한다. 자신을 즐겁게 해 줄 사진을 지니고 있으면 언젠가 부정적인 기분이 되었을 때 금세 회복할 수 있다. 그렇게 부적을 대용할 만한 것을 몇 가지 준비해 놓자.

호흡에 의식을 집중한다

머릿속에 부정적인 생각만 떠오를 때는 자신의 호흡에 의식을 집중해 보는 것도 좋은 아이디어다. 호흡에 의식을 집중하다 보면 부정적인 것을 덜 생각하게 되기 때문이다.

'앗, 지금 코로 공기가 계속 들어오네.'
'폐가 조금씩 부풀고 있어.'
'공기를 좀 더 많이 들이쉬어 보자.'
'천천히, 천천히……'

이런 식으로 호흡을 의식해 보는 것이다. 평소에는 자신의 호흡을 의식할 일이 없을지도 모르지만, 부정적인 기분이 들 것 같을 때 꼭 시도해 보자.

네덜란드 마스트리흐트대학의 니콜 헤스빈트는 불안이나 우울감으로 고민하는 사람을 대상으로 호흡 집중 훈련을 시켜서 증상을 누그러뜨리는 데 성공했다.

쓸데없는 생각만 머릿속에 떠오른다면 다른 일에 의식을 집중하는 게 좋다. 사실 긍정적인 생각을 할 수 있다면 그렇게 하는 편이 낫겠지만, 그것이 어렵다면 호흡에 의식이 집중되도록 애써 보자.

이 방법은 좌선에도 쓰이고 있다. 가만히 앉아 참선할 때는 머릿속을 비우는 것이 이상적이라는데, 많은 사람들은 자기도 모르게 잡념을 떠올리고 만다.

특히 초보자는 머릿속을 비우기가 너무나 어렵다. 그렇다 보니 초보자는 좌선에 익숙해질 때까지 "호흡에 의식을 집중해 보세요"라는 말을 듣는다. 호흡에 의식을 집중하다 보면 잡념도 그렇게 떠오르지 않게 된다.

호흡에 의식을 집중하는 방법은 고맙게도 미리 준비할 것이 하나도 없다.

특별한 도구를 준비하지 않아도 되므로 누구라도 바로 그 자리에서 할 수 있다. 버스나 전철을 타고 있을 때 등, 언제라도 눈을 감고 자신의 호흡에 의식을 집중하다 보면 잠깐이라도 명상을 할 수 있어 마음이 차분해진다.

하루에 몇 번, 그런 명상의 시간을 누려 보면 불안과 긴장, 스트레스 같은 부정적인 감정에 점점 무뎌진다.

　자신의 호흡에 의식을 집중하면 '어, 지금 호흡이 상당히 빠르네' 하고 깨달을 때가 있다. 호흡이 빠르다는 것은 긴장하고 있다는 뜻이므로 가능하면 호흡이 느긋해지도록 숨을 들이쉬고 내뱉기를 반복하면 좋다. 그렇게 심호흡을 하다 보면 마음의 평안을 되찾을 수 있다.

다이어트로 몸을
가볍게 만든다

우리 마음은 몸과 밀접한 관계를 맺고 있다. 비만해져서 문자 그대로 '몸이 무거워'지면 어째선지 '마음도 무거워'지는 경향이 있다.

미국 리처드스톡턴대학의 데이비드 레스터는 비만인 70명을 대상으로 얼마나 부정적인 사고에 빠지기 쉬운지 조사했는데, 그중 32%가 매우 심각한 우울증에 시달렸고 23%가 자살을 생각한 적이 있다는 결과를 얻었다.

그러면 어떻게 해야 '마음을 가볍게' 할 수 있을까?

간단한 이야기다. 몸을 가볍게 하면 된다. 다시 말해서 다이어트를 하면 된다.

다이어트를 해서 몸이 가벼워지면 그에 보조를 맞추듯 마음도

가벼워질 수 있기 때문이다.

대체로 30대, 40대가 되면 바깥에서의 건강하지 못한 식생활 탓에 점점 비만이 된다. 그러면 마음도 약해진다. 감정이 널을 뛰기도 하고 부정적인 생각만 들기도 한다.

그렇게 되는 것을 막으려면 일단은 다이어트다.

그렇다고 해서 무언가 어려운 것을 하라는 이야기는 아니다. 폭식과 폭음을 삼가고, 배부르게 먹기보다 80%쯤 배가 찼다 싶은 만큼만 먹고, 적당한 운동을 잊지 않고 곁들이면 자연스럽게 체중은 줄어든다.

비만이 되면 자신의 몸이 한심해 보여 싫어지고, 그렇게 되면 자기 자신을 싫어하게 된다. 자존감도 떨어지고 매사 자신이 없어진다. 다이어트를 해서 날씬해지면 자신이 좋아지고 자존감도 높아진다. 매사에 진취적이고 적극적인 태도도 보일 수 있다.

다이어트에서 가장 중요한 점은 단숨에 체중을 줄이려 하지 않는다는 것이다.

그야말로 반년, 1년이 걸려도 괜찮으므로 느긋이 체중을 줄여가면 된다. 중요한 것은 생활 습관, 식습관을 서서히 바꾸어야 한다는 점이다. 습관이 바뀌면 체중도 자연스럽게 줄어드므로 그렇게 조급해할 필요는 없다.

무리하게 다이어트를 하려다 보면 금세 의지가 꺾이고 요요 현상으로 체중이 도로 늘어날 수 있으므로 주의해야 한다.

　한 달에 1, 2kg만 빼도 충분하다고 생각하면서 서서히 습관을 개선해야 다이어트에 성공하기 쉽다는 사실을 기억하자.

반려동물을 키운다

심리 요법의 하나로 '애니멀테라피'라는 것이 있다. 동물을 쓰다듬거나 동물과 접촉함으로써 마음을 치유하는 요법이다.

미국 미주리대학의 크리스타 클라인은 개를 키우는 사람과 키우지 않는 사람을 비교한 결과, 개를 키우는 쪽이 긴장감이나 불안 등이 적고 심리적인 건강도가 높다는 사실을 밝혀냈다. 게다가 이 반려동물의 효과가 여성이나 혼자 사는 사람에게 더욱 크게 나타난다는 사실도 밝혀졌다.

제대로 돌본다는 것이 대전제지만, 불안감을 쉽게 느끼는 사람이나 스트레스가 쉽게 쌓이는 사람은 반려동물을 길러 보면 어떨까? 의외로 마음이 차분해질 것이다.

흥미로운 연구를 하나 소개한다.

뉴욕주립대학의 캐런 앨런은 하루하루 맹렬한 긴장감 속에서 지내야 하는 '도시에 거주하는 증권맨'을 모집하여 두 그룹으로 나누고, 한 그룹에는 개를 돌보도록 했다.

그로부터 6개월 후, 전원의 혈압을 측정해 보니 개와 지내야 했던 증권맨 쪽은 혈압도 안정적이고 감정도 차분해진 것으로 나타났다. 흥미롭게도, 실험 종료 후 앨런이 개를 다시 데려오려 하자 누구 하나 개를 돌려주려는 사람이 없었다고 한다.

동물과 함께 하면 마음이 편안해진다. 아무리 지쳐 있어도 자기가 사랑하는 반려동물을 바라보거나 부드럽게 쓰다듬다 보면 마음이 치유되는 법이다.

반려동물은 기본적으로 어떤 동물이든 상관없으므로 개든 고양이든 토끼든 햄스터든 좋아하는 동물을 선택하면 된다. 돌보기 힘들고 자신이 없다면 금붕어를 추천한다.

금붕어를 기르는 일은 그렇게 손이 많이 가지 않는다. 가끔 수조를 청소해 주면 되는데, 금붕어가 한가롭게 헤엄치는 모습을 바라보고 있자면 절로 마음이 편안해진다.

빌라나 아파트 등 공동주택에서 반려동물을 키우기가 힘들다면 가끔은 기분전환 삼아 동물원에 가 보자. 대부분의 동물원에는 동물과 직접 접할 수 있는 코너가 있는데 그런 곳에서의 경험 역시 반려동물 효과와 마찬가지로 마음을 치유할 수 있다.

생물에 애정을 쏟아붓게 되면 인간에게도 애정을 쏟아부을 수 있게 된다. 반려동물을 기르면 여러 가지 장점이 있으므로, 돌보기가 힘들 수는 있어도 그 노력에 걸맞은 위안을 얻을 수 있을 것이다.

남이 노력하는
모습을 지켜본다

'아무리 애를 써 봐도 기분이 축축 처지는데…….'
'아무래도 출근할 마음이 안 들어.'
'아무런 의욕도 없다.'

인간이라면 누구나 그럴 때가 있다. 이때는 어떻게 해야 할까?

한 가지 방법은 엄청나게 노력하는 사람의 모습을 한번 지켜보는 것이다. 그렇게 하면 '나도 노력해야지!' 하는 생각에 활력이 돌아오기도 한다.

'주변에 그렇게 애쓰는 사람이 별로 없는데 어떻게 해야 하나?' 싶은 사람도 있을 것이다. 그렇다면 영화나 DVD를 보는 것도 좋은 방법이다. 옛날 영화라면 실베스터 스탤론이 나오는 〈록키〉 같은 작품을 추천한다. 주인공이 노력하는 영화라면 물론 뭐든 괜찮다.

사람에 따라서는 인간이 아니라 동물을 보고 의욕이 솟을 수도 있다. 이를테면 경마. 결승선을 향해 전력 질주하는 말을 보고 있으면 저절로 의욕이 솟구친다는 사람도 적지 않은 것 같다.

시애틀퍼시픽대학의 세인 에릭슨은 정신과를 다니는, 우울증과 불안증을 앓는 47명을 대상으로 열흘 동안 일기를 쓰게 했다. 그리고 나중에 그 일기의 내용을 분석해 보았다.

그랬더니 우울증을 앓는 사람도 계속해서 우울한 상태는 아니라는 사실이 밝혀졌다. 노력하는 타인을 본 날에는 기분도 고양되었다는 것이다. 남이 노력하는 모습에 영향을 받아 자신도 그렇게 행동하려고 했더니 우울 증세가 줄었다는 사실도 밝혀졌다.

어떤 목표를 향해 한결같이 전력을 다하는 사람은 반짝반짝 빛나 보인다. 그렇게 노력하는 타인의 모습을 지켜보는 것은 우리 마음에 긍정적인 영향을 미친다.

있는 힘껏 달리는 육상 선수, 힘든 가운데 연습을 거듭하는 격투기 선수 등, 땀 흘리며 노력하는 사람을 다룬 다큐멘터리 방송을 텔레비전에서 하고 있다면 놓치지 말고 녹화해 놓자. 그러면 의욕이 생기지 않을 때 요긴하게 쓸 수 있다.

무기력한 상태에 있더라도 노력하는 사람을 보다 보면 '나도 다시 일어나야 해!'라는 의지력을 되찾을 수 있다.

의욕이 생기지 않을 때는 '노력하는 사람'을 찾아내는 것이 최우선 과제다. 그런 사람이 가까이 있으면 의욕도 바로 되돌아온다.

모든 것은 생각하기 나름이다

우리가 고통을 느끼는 것은 물리적인 증상이나 통증이 아니라, 본인이 고통스럽다고 확신해서다. 본인의 확신이므로 이에 대한 인지만 바꾸면 고통도 느끼지 않게 된다.

호주 시드니공과대학의 세라 에덜먼은 암이 진행 중인 환자의 인지를 바꿈으로써 죽음에 대한 불안과 신체의 통증을 경감시킬 수 있다는 사실을 확인했다.

암 환자는 스스로 이상한 인지를 만들어내고, 그로 인해 고통받는 일이 적지 않다. 그러므로 그러한 인지만 바꾸어 주면 불안도 사라질 수 있는 것이다.

에덜먼은 암 환자가 이상한 인지를 하고 있을 때, 그것을 바꾸는 카운슬링을 해 보았다. 이를테면 다음과 같은 방식이다.

"전 어차피 죽을 테니까요."
"저도 때가 되면 죽습니다. 하지만 죽기 전까지는 좋아하는 일을 할 수 있지요."
"지금까지 했던 일을 못 하게 되었습니다."
"저도 나이가 들다 보니 옛날엔 했던 일을 이제는 못 합니다. 하지만 친구와 수다를 떤다거나 손주와 논다거나 하는 새로운 즐거움을 찾았어요."

이런 대화를 통해 암 환자의 인지도 조금씩 바뀌어 갔다. 그러자 마음의 불안도 사라지면서 활기를 되찾았고, 진통제도 많이 찾지 않게 되었다.

결국 우리는 스스로 제 목을 조르는 짓을 하고 있는 셈이다. 고통스럽다고 굳게 믿고 있어서 고통스러운 것이고, '조금도 고통스럽지 않아'라고 확신할 수 있다면 고통은 사라질 것이다.

만약 불안을 느낄 만한 일이 있다면 그것에 반론을 제기하는 사고를 맞부딪쳐 보는 것도 좋다. 예를 들어 건강이 염려스러워 불안감이 높아진다면 '하지만 난 매일 걷기 운동도 열심히 하고 있는걸!', '부모님도 아직까지 건강하시니까', '식사도 신경 써서 잘 챙겨 먹는 편이고'라는 식으로 자꾸자꾸 반론을 펼쳐 본다. 그렇게 하면 건강에 대한 불안도 점점 사라진다.

자신의 인지를 바꾸는 일은 스스로 못 할 것은 없지만, 능숙하게 반론을 펼치기가 어렵거나 어떻게 해서 바꿀 수 있는지 모를 때도 있을 것이다. 그럴 때는 정신의학과 전문의의 도움을 받는 것도 좋다. 인지 행동 요법 분야의 전문가라면 인지를 바꾸는 프로그램도 짜 줄 것이다.

껌을 씹어 긴장을 푼다

자신이 스트레스나 긴장감을 쉽게 느끼는 유형이라 생각되면 껌 씹는 습관을 들이는 게 좋다. 씹는다는 행위가 스트레스를 덜어주는 효과가 있다고 알려져 있기 때문이다.

껌을 씹으면 치아와 턱도 튼튼해지고 충치까지 예방할 수 있다. 한마디로 일석이조다.

오클라호마주립대학의 데이나 브릿은 45명의 자원봉사자를 모집하여 자신의 외모에 관해 사람들 앞에서 3분 동안 발표하는 실험을 한 적이 있다. 사람들을 앞에 두고 발표하는 일은 누구라도 긴장하기 마련인데, 심리학 실험에서는 스트레스나 긴장감을 높이는 수단으로 종종 이용된다.

참가자들의 긴장감이 고조되었을 무렵, 브릿은 그들에게 껌을 씹도록 했다. 그리고 나서 불안의 정도를 측정해 보았더니 껌 씹는 행위가 불안감을 가라앉히는 효과가 있다는 사실이 밝혀졌다.

브릿은 껌 대신 흡연을 이용한 방법을 통해서도 흡연이 불안감을 줄여 주는 효과가 있다는 사실을 규명했다. 다만 흡연은 건강에 나쁘므로 껌을 씹는 편이 훨씬 낫다.

메이저리거는 껌을 질겅질겅 씹으면서 타석에 들어선다. 그 모습을 보고 매너가 나쁘다고 생각하는 사람도 더러는 있을지 모르겠다. 나도 처음에는 그렇게 생각했다.

하지만 타자가 껌을 씹는 데는 명확한 심리학적 근거가 있는데, 긴장으로 몸이 굳어 배트를 잘못 휘두르는 일을 억제하는 효과가 있다는 것이다. 그래서 그들은 껌을 씹어 긴장을 푸는 것이다.

업무에서도 스트레스나 긴장감이 느껴질 때가 많다면 껌을 씹으며 일하는 것이 제일이지만, 매너 없는 행동으로 여겨지는 분위기에서는 그렇게 하기가 쉽지 않다. 아무리 스트레스를 덜 수 있다 하더라도 주위 사람들을 불쾌하게 한다면 인상이 나빠지고 만다.

그래서 외근을 나갈 때나 이동할 때, 혹은 휴식을 취할 때 잠깐 껌을 씹는 정도면 좋지 않을까 싶다. 그것만으로도 충분히 스트레스를 줄이는 효과를 기대할 수 있다.

일상의 스트레스는 되도록이면 그때그때 해소해 버리는 편이 낫다. 스트레스를 쌓아 두었다가 한꺼번에 해소하려 하기보다, 하루에 몇 번이라도 껌을 씹으면서 그때마다 스트레스를 없애 버려야 마음의 건강을 유지할 수 있다.

아로마 오일을 가지고 다닌다

긴장감이나 불안감이 높아졌을 때는 좋은 향기를 맡는 것도 효과적이다. 좋은 향기를 맡으면 마음이 차분해지기 때문이다. 아로마 오일을 작은 용기에 담아 가방에 넣어 두면 언제든 내킬 때 향기를 즐길 수 있어 일하다 쌓인 피로도 한번에 날릴 수 있다.

그럼 어떤 향기의 아로마 오일이 좋을까?

기본적으로 내 마음에 들고 편안해지는 향기라면 뭐든 괜찮지만, 플로럴 계열의 향기가 특히 좋다. 어떤 향기를 골라야 할지 망설여진다면 라벤더 향기를 추천한다.

미국 웨스턴오레곤대학의 크리스티나 버넷은 매우 어려운 십자말풀이를 엄격한 시간제한 속에 풀게 하는 실험을 한 적이 있다.

중압감을 주어 불안과 긴장감을 부채질한 것이다.

그런 다음에 버넷은 라벤더, 로즈메리, 물(무취)의 냄새를 맡게 하여 높아진 심박수가 얼마나 빨리 떨어지는지를 조사해 보았다.

그 결과, 불안이나 긴장을 해소하는 데 가장 효과적이었던 것은 라벤더였다. 로즈메리도 효과적이었지만, 라벤더보다는 효과가 조금 뒤떨어졌다고 한다.

아로마 오일을 손수건에 뿌려 놓으면 손수건을 쓰는 잠시 동안이라도 그 향기를 즐길 수 있다. 손목에 가볍게 뿌려 놓아도 좋다. 그렇게 하면 언제든 아로마를 즐길 수 있다.

향기를 맡고 기분이 좋아지면 우리의 뇌는 기분 좋을 때 나오는 쾌락 물질을 분비하기 시작하고, 그로 인해 마음 또한 안정을 찾는다.

아로마 오일의 향기가 좀 거북하다면 커피나 홍차, 녹차, 혹은 갓 구운 쿠키의 향기 같은 것도 괜찮다. 그런 향기로운 음식을 먹으면 스트레스까지 덜 수 있다.

카페 같은 데서 한 잔 마실 때는 아이스커피나 아이스티로는 향이 많이 나지 않으므로 이왕이면 따뜻한 음료를 주문하자. 마음을 가라앉히는 데는 그쪽이 더 효과적이다. 나는 여름에도 따뜻한 음료를 주문하는데, 따뜻한 쪽이 향기를 즐길 수 있을뿐더러 스트레스도 없애 주기 때문이다.

아로마 오일은 작은 병 같은 데 넣어 두면 별로 무겁지도 않고 휴대하기에도 편리하지만, 그다지 좋아하지 않는다는 사람도 있을 것이다. 그런 사람은 따뜻한 커피라도 괜찮으니 자기가 좋아하는 향기를 찾아내서 '그 향기를 맡으면 의욕이 솟는다'는 식으로 조건을 붙여 놓으면 좋다.

불안감 후에 오는
쾌감을 생각한다

불안을 쉽게 느끼는 사람은 어떤 의미로는 행운이라고 할 수 있다. 왜냐하면 불안을 해소했을 때, 보통 사람 이상으로 큰 쾌감을 맛볼 수 있기 때문이다. 불안이 클수록 그것을 극복했을 때 느끼는 행복은 훨씬 크다.

프랑스 랭스샹파뉴아르덴대학의 파비앵 르그랑은 실험을 통해 '불안이나 긴장 같은 감정은 역전되어 흥분을 낳는다'는 사실을 입증했다.

실험은 테마파크의 제트코스터에서 진행되었다. 제트코스터를 타기 전과 타고 난 후의 기분 변화를 살펴본 것으로, 제트코스터에 타기 전 불안감이 높았던 사람일수록 다 타고 난 후의 흥분도가 높았다. 제트코스터에 탈 때 그다지 불안해하지 않는 사람도 있었는데, 그런 사람은 흥분을 만끽하지도 못했다.

고객 앞에서 상품을 설명할 때 불안을 느끼는 사람도 있을 것이다. 그렇게 불안을 느끼는 것이 오히려 행운이라고 생각하자. 일이 끝났을 때 누구보다 큰 흥분과 상쾌함을 맛볼 수 있기 때문이다.

고객을 만나 상품을 설명하는 데 전혀 불안을 느끼지 않는 베테랑을 부러워할지도 모르지만, 실제로는 그다지 부러워할 일이 아니다. 그런 사람은 흥분을 만끽하지 못하기 때문에, 일의 기쁨과 즐거움도 크게 느끼지 못할 것이다.

불안을 쉽게 느끼는 사람은 생각하기에 따라서는 그야말로 남들이 부러워할 만한 사람이라고 할 수 있다. 누구보다 큰 쾌감을 얻을 수 있으므로 불안을 쉽게 느끼는 자신의 체질에 감사하자.

이렇게 불안을 느끼는 것을 단점이 아니라 장점으로 여기도록 생각을 바꿔 보는 게 어떨까?

나 또한 자주 긴장하는 유형이어서 텔레비전이나 라디오 방송, 강연 같은 일은 하고 싶지 않다. 그런데도 의뢰가 들어오면 받아들이고 만다. 긴장감이 클수록 일이 끝난 뒤 느끼는 개운함이 더없이 크다는 것을 알기 때문이다. 그 개운함을 맛보고 싶어서 하기 싫은 일도 받아들이고 있다.

다음에 무언가 불안이 느껴지는 일이 생기면 그것을 뛰어넘었을 때 느낄 흥분에 눈을 돌려보면 어떨까? 그렇게 하면 불안도 즐길 수 있지 않을까?

익숙해지는 만큼 불안도 가벼워진다

우리는 처음으로 어떤 체험을 하거나 새로운 장소에 가면 불안을 느낀다. 이는 조금도 이상하지 않은 일로, 해 본 적 없는 일에 도전할 때는 누구나 그렇기 때문이다.

신입 사원에게는 모든 업무가 첫 경험이다. 그러므로 불안을 느끼는 것도 당연하다. 지금은 실력을 인정받는 능력자들도 처음부터 잘하지는 못했을 것이다. 누구든 처음에는 불안한 법이다.

한 번도 가 본 적 없는 곳으로 출장을 떠나면 길도 모르는 마당에 불안해지는 게 당연하다. 불안을 느꼈을 때 자신의 마음이 약해서라고는 생각하지 않는 것이 바람직하다. '단순히 익숙하지 않을 뿐'이라고 생각하자. 그래야 자신을 몰아세우지도 않을뿐더러 자기 실력이나 재능에 대한 자신감을 잃는 일도 피할 수 있다.

위스콘신대학의 제인 필리아빈은 헌혈자 1,846명을 대상으로 불안과 긴장감을 조사한 적이 있다. 그 결과, 헌혈이 처음인 사람은 엄청나게 불안해한다는 사실이 밝혀졌다. 그러나 두 번째, 세 번째가 되면 그다지 불안해하지 않으며 열여섯 번 넘게 헌혈한 사람은 불안을 거의 느끼지 않는다는 사실이 판명되었다.

매사 익숙해지면 불안도 없어진다. 처음에만 불안할 뿐, 같은 일을 반복하다 보면 그 나름대로 불안도 가벼워진다.

갑자기 팀장이 되어 많은 사람들 앞에서 발표를 해야 하는 사람이 있다고 하자. 어쩌면 첫날에는 쩔쩔매면서 제대로 이야기를 못 할지도 모른다. 울고 싶을 만큼 쑥스러워할지도 모른다. 그러나 그건 아직 익숙하지 않아서 그렇지 발표에 서툴러서가 아니다.

한동안 발표를 하다 보면 어느새 사람들을 웃기고 의욕을 불러일으키는 좋은 이야기도 할 수 있게 된다. 익숙해지면 긴장하지도 않고 당당히 이야기를 할 수 있게 되는 것이다.

불안이 느껴지면 자신이 과거에 같은 경험을 얼마나 했는지 생각해 보자. 만약 거의 해 본 적 없는 일이라면, 불안해지는 것도 잘하지 못하는 것도 당연하다.

그렇게 생각할 줄 알게 되면 크게 긴장하지 않고도 해결된다.

생각한 것은 일단 말해 본다

커뮤니케이션할 때 불안감을 느낀다면 상대가 어떻게 생각할지는 신경 쓰지 말고 그냥 생각나는 대로 말해 보는 습관을 들이는 게 좋다.

'이런 말을 하면 머리가 나쁘다고 생각하는 게 아닐까?'

'이렇게 말하면 실례일까?'

'사적인 질문을 하면 싫어할 텐데…….'

그런 식으로 생각하다 보면 아무 말도 할 수 없어지고 점점 마음만 불안해진다.

미국 신시내티대학의 커트 뉴워스는 1,000명 이상을 조사하여 커뮤니케이션에 불안을 느끼는 사람은 먼저 아무것도 얘기하지 못하고, 그로 인해 더욱 불안해지는 악순환을 겪는다는 사실을 밝혀냈다.

아무것도 말하지 못해서 자꾸 불안해지는 것이다.

그러면 어떻게 해야 불안해지지 않을까? 답은 간단하다. 자꾸자꾸 이야기하면 된다. 이야기할수록 커뮤니케이션의 불안은 점점 작아지는 법이다.

이야깃거리는 뭐든 괜찮다. 날씨 이야기든 뉴스에서 본 이야기든 자기 아이들 이야기든 상관없다. 우선 무슨 말이라도 하다 보면 커뮤니케이션에 관한 불안은 제로가 될 수 있다. 이야기하지 않아서 불안해지는 것이므로 이야기하면 불안은 없어진다.

재미있게 이야기하려고 애쓰다 보면 말이 나오지 않게 된다. 반면에 '주제는 뭐든 상관없지' 하고 결론짓고 나면 말이 매끄럽게 나온다. '말이 쉽지, 그게 그렇게 될까?' 싶으면 미리 대사를 정해서 통째로 외워 놓으면 그만이다.

"처음 뵙겠습니다, 나이토 요시히토입니다. 이렇게 감자같이 생기다 보니 다들 잘 기억해 주시더군요. 정말이지 부모님께 감사드릴 뿐입니다"라는 식의 인사말을 그대로 외워 놓고, 누구를 만나든 똑같이 자신을 소개한다.

몇 번이든 같은 내용을 말하다 보면 원활한 흐름으로 대화를 시작할 수 있다.

나는 한 사회자의 경쾌하고 재치 있는 화법을 아주 좋아하는데, 프로인데도 무대에 오를 때는 엄청나게 긴장한다고 한다. 그래서 그날 무대의 레퍼토리도 꼼꼼하게 다 외워 놓고, 리허설도 몇 번씩 철저히 반복한 다음에야 무대에 오른다고 한다.

사람들과의 대화가 거북하게 느껴지는 사람이라면, 어쨌든 자기 나름의 주제를 착실하게 준비하고 대사도 통째로 외워서 사전에 연습해 놓는 편이 바람직하다.

인생의
파트너를 만든다

요즘에는 연애나 결혼에 소극적이고, 부정적으로까지 생각하는 사람이 많다는 얘기를 들었다. 이에 따라 1인 가구도 늘고 있다고 한다.

애인을 만드느냐 마느냐는 어디까지나 본인이 결정할 문제지만, 있으면 아무래도 마음의 의지도 되고 비상시에는 논의도 가능하니 불안을 좀 더 가볍게 할 수 있지 않을까?

캐나다 세인트제임스대학의 크리스토퍼 버리스는 애인이 없는 대학생 179명과 애인이 있는 대학생 116명을 대상으로 불안 측정 심리 테스트를 실시했다.

그 결과를 비교했더니 있는 쪽의 불안감이 훨씬 낮았다.

애인이 있으면 어딘가 안심이 되어서인지 차분해진다고 한다. 그래서 스트레스나 불안도 느끼지 않게 되는 것으로, 있는 쪽이 마음의 여유를 가질 수 있다는 이야기다.

업무에서 어떤 실수나 난처한 일이 생겼어도 심리적 충격이 덜하고, 상사의 혹독한 잔소리에도 침울함이 덜하다고 한다. 결혼을 통해서도 같은 효과를 얻을 수 있다고 한다.

인생에서 파트너는 필요없다고 생각하는 사람도 있겠지만, 한번 시도해 보는 게 어떨까?

이상이 너무 높으면 좀처럼 어려우므로 너무 높은 이상을 품지 않는 것도 중요하다. 어떤 사람이든 사귀어 보면 의외로 멋진 구석이 몇 군데나 눈에 띄는 것이 예사고, 함께 있다는 사실만으로도 행복감을 느낄 수 있다.

가끔은
술의 힘을 빌린다

여러 가지 고민으로 지쳐 버렸다면 술을 조금만 마셔 보는 것도 괜찮다. 술을 마시면 술의 주성분인 알코올이 뇌를 마비시켜 주기 때문이다.

취해서 처음 마비되는 것은 '대뇌 신피질'이라고 불리는 부분이다. 대뇌 신피질은 우리의 이성을 관장하는 부분으로 이곳이 마비되면 이성이 억제되어 평소보다 쾌활해지기도 하고 행복감에 휩싸이기도 한다.

고민이 끊이지 않을 때는 살짝 술을 마셔 보자. 술기운이 돌면 '뭘 또 이런 시시한 일로 고민하고 있나?' 하면서 고민하는 것 자체가 어리석게 느껴지기도 한다.

대뇌 신피질을 마비시키는 데에는 적당한 취기면 충분하다. 청주라면 한두 잔, 맥주라면 한 캔 정도다. 그 정도만 마셔도 충분히 기분이 좋아질 수 있다.

미국 조지아대학의 제니퍼 모너핸은, 레몬이나 라임 과즙을 섞은 보드카를 마신 뒤 작업을 하면 불안감이나 긴장감이 낮아진다는 사실을 실험으로 확인했다. 적당히 취기가 오르면 사소한 일 따위는 신경 쓰이지 않게 되며, 대범하고 느긋한 기분으로 있을 수 있다는 것이다.

예전에는 업무를 마친 후 다 함께 술을 마시는 일이 많았는데 거나하게 취해 폭소를 터뜨리며 수다 떠는 일이 업무 스트레스를 가볍게 해 주었을 것이다. 그런 술자리 커뮤니케이션이 점점 줄어들면서 스트레스를 마음속에 담아 둔 채 지내는 사람이 늘어난 것은 아닐까? 어디까지나 개인적인 억측일 뿐이지만 아예 틀린 이야기도 아닌 것 같다.

일을 마친 뒤에 맥주 한두 캔 정도를 마시면 마음도 몸도 부드러워지면서 긴장이 풀린다. 일상의 스트레스는 그렇게 잘 처리해 두는 것이 포인트다.

물론 과음하지 않도록 주의해야 한다. 과음으로 간이라도 상하면 물거품이 되고 만다. 어디까지나 적당히 즐기는 정도로만 술과 어울릴 줄 알아야 한다.

경험자의
이야기를 듣는다

만약 무언가 불안한 일이 있다면 경험자의 이야기를 듣는 것이 좋다. 경험자이기에 할 수 있는 조언을 해 주므로 그런 이야기를 듣고 있으면 불안을 없앨 수 있다.

예를 들어 이직할 것인가 말 것인가로 끙끙 앓고 있다면 이미 몇 번씩 이직을 경험한 사람을 찾아가 이야기를 들어 본다. 이직해 본 적이 없는 친구들에게 상담해 본들 제대로 된 조언을 들을 수 없다. 이야기를 들어 주는 것만으로도 마음이 가라앉을 수는 있겠지만, 가능하면 경험자의 이야기를 듣는 편이 유용하다.

마찬가지로 결혼할까 말까 망설이고 있다면 기혼자의 이야기를 들어 보자. 이미 결혼했으므로 결혼의 좋은 점과 나쁜 점을 잘 알고 있을 것이다.

결혼한 적 없는 사람에게 굳이 상담해 본들, 시간 낭비까지는 아니더라도 피차 잘 모르는 문제이므로 도리어 불안이 심해질 수도 있다. 상담한다면 꼭 경험자에게 하는 편이 바람직하다. 이것은 무슨 문제든 똑같이 적용되는 이야기다.

캘리포니아대학의 제임스 쿨리크는 심장 수술을 받게 된 남성 84명을 대상으로 조사했다. 수술 전 그들 중 일부는 1인실에 입원했고, 또 다른 일부는 똑같이 심장 수술을 받은 환자와 같은 병실에 입원했으며, 나머지는 다른 수술을 받은 환자와 같은 병실에 입원했다.

그 결과, 같은 심장 수술을 이미 받은 환자와 같은 병실에 입원했을 때, 훨씬 불안을 줄일 수 있다는 사실이 밝혀졌다. 이미 경험한 사람이 같은 병실에 있으면 마음이 든든해지는 것이다.

쿨리크는 퇴원까지 걸리는 시간에 대해서도 조사했는데, 수술 전에 1인실에 입원한 사람은 퇴원까지 평균 9.96일이 걸렸고, 같은 심장 수술을 받은 사람과 수술 전에 같이 있었던 사람은 8.04일이 걸렸다. 이는 아마도 수술 전에 불안을 크게 덜 수 있었기 때문일 것이다.

덧붙여 다른 수술을 받은 사람과 같은 병실에 입원한 사람은 퇴원까지 9.17일이 걸렸다. 누군가와 같은 병실에 있다는 점이 어느 정도 위안이 되는 듯하지만, 자신이 받는 수술을 이미 경험한 사람과 비교하면 그 효과가 떨어진다고 한다.

  내가 고민하고 있는 문제를 이미 경험한 사람이 주변에 있으면 좋겠지만, 정말 찾기 힘든 경우도 있다. 그럴 때는 인터넷으로 검색하면 자신과 같은 고민을 한 사람, 이미 경험한 사람의 블로그나 사이트를 찾을 수 있고, 그런 커뮤니티에서 정보를 수집하거나 의견을 나누다 보면 마음도 차분히 가라앉는다.

분홍색 물건을 바라본다

우리의 마음은 자기가 보는 색에도 영향을 받는다. 녹색이 많은 자연을 바라보았을 때 마음이 차분해지는 것도 녹색이 마음을 치유하는 색이기 때문이다.

많이 알려지지는 않았지만, 분홍색도 우리의 마음을 치유하는 색이다.

마음을 치유하는 색이니만큼 직접 몸에 걸쳐 보면 어떨까? 옅은 분홍색 셔츠는 남자가 입어도 멋지고, 분홍색 옷을 입은 할머니는 나이보다 훨씬 젊어 보인다. 노화 방지 효과도 있는 셈이다.

그렇지만 아무래도 분홍색 옷을 입는 데에는 용기가 필요하므로 분홍색이 들어간 소품이나 잡화를 장만해서 지쳤을 때 바라보는 것도 괜찮다. 예를 들어 분홍색 꽃 사진이 들어간 클리어 파일이나 수첩 커버 같은 물건을 쓰면 자기도 모르게 분홍색을 볼 수 있어서 마음이 편안해진다.

미국 존캐롤대학의 패멀라 프로푸섹은 빨간색 방과 분홍색 방을 준비해 각각의 방에서 불안을 얼마나 줄일 수 있는지를 비교했다. 그 결과, 분홍색 방이 압도적으로 불안을 줄이는 효과를 나타냈다.

주점 같은 곳에서 분홍색 네온사인을 많이 사용하는 것도 "이 가게에 오면 마음이 치유된답니다"라고 어필하기 위해서가 아닐까? 또한 분홍색에는 마음을 따뜻하게 하는 효과도 있어서 가게에 힐링 이미지를 줄 수 있다.

그래도 분홍색 하면 아무래도 여성의 색이라는 인상이 강하다. 그렇기에 많은 남성이 분홍색을 사용하는 게 현실적으로는 어려울지도 모른다. 이에 '색채 호흡법'이라는 방법을 소개한다.

방법은 매우 간단하다. 눈을 감고 심호흡할 때, 시야 전체에 분홍색을 상상해 보는 것이다. 이어서 분홍색 공기를 천천히 들이쉬고, 분홍색 공기를 천천히 내뱉는다는 이미지를 떠올리며 심호흡을 해 본다.

평범하게 심호흡을 하는 것보다 색채 호흡법으로 심호흡을 하는 편이 더욱 효과적이다.

독자 여러분도 꼭 시도해 보기를 바란다. 놀라울 만큼 마음이 차분해지는 것을 실감하리라 확신한다. 해 보면 알겠지만, 생기발랄해지는 느낌도 들 것이다.

3장
인간관계의 고민을 줄여 나가기

"고맙습니다"를 입버릇처럼

인간관계로 고민하는 사람은 많다. 확실히 인간관계는 너무나 복잡한 문제이기 때문에, 어떻게 이어 나가야 할지 고민하는 것도 당연한 일이다.

딱 하나, 대부분의 인간관계가 원활해지는 마법 같은 방법이 있다. 게다가 이 방법은 누구라도 바로 실행할 수 있다는 탁월한 장점이 있다. 결코 어려운 기술이 필요한 것도 아니다.

그건 바로 '사람을 만나면 고맙다고 자주 말할 것'이다. 오직 이것뿐이다. 이것만 신경을 쓰면 대부분의 인간관계가 잘 풀린다.

상대가 어떤 굉장한 친절을 베풀었기 때문에 "고맙습니다"라고 말하는 것이 아니다. 사람을 만났다면 "오늘 만나 주셔서 감사합니다"가 될 것이고, 상대가 메일에 회신을 주었다면 "회신 감사합니다"가 되는 것이다. "고맙습니다"라는 말은 어떤 때라도 쓸 수 있는 말이고, 또 써야 하는 말이다. 부탁을 거절당했더라도 "아무튼 감사합니다"라고 말하면 된다.

"고맙습니다"라는 말을 쓰면 어떻게 될까?

대부분은 상대방도 친절하게 대해 주게 된다. 일반적으로 고맙다는 말을 들으면 순수하게 기쁘기 때문이다. 우리는 "고맙습니다" 하고 말하는 사람에게는 심하게 대하지 못한다.

펜실베이니아대학의 애덤 그랜트는 감사의 말을 포함한 메일과 포함하지 않은 메일을 보내 이에 대한 사람들의 답변을 조사한 적이 있다. "고맙습니다"라는 표현 외에 다른 내용은 똑같았다.

그 결과, 감사의 말을 포함한 메일을 받은 사람의 66%는 그 후의 부탁(성가신 실험에 참가해 달라는 부탁)에도 흔쾌히 응했다. 이에 반해, 감사의 말을 포함하지 않은 메일을 받은 사람 중에서는 32%만 응해 주었다.

인간관계를 너무 어렵게 생각할 필요는 없다. 이것저것 까다롭게 생각하기 때문에 다른 사람과 어울리기가 어려워지는 것이다. '그저 고맙다고, 그렇게 말하면 돼' 하고 가볍게 생각할 줄 알면 인간관계는 조금도 무서울 게 없다.

일단 웃는다

인간관계에서는 일단 웃는 것도 중요하다.

재미있는 일이 있어서 웃는 것을 말하는 게 아니다. 재미있는 일이 없어도 사람과 만났을 때는 일단 붙임성 있게 웃는 게 좋다. 먼저 재미있는 화제를 끄집어낼 필요도 없다. 상대가 뭔가 얘기하면 미소만 지어도 된다.

사람들은 대부분 '뭐라도 재치 있는 화제를 꺼내야 하는데', '내게 관심이 생길 만한 이야기를 해야 하는데'라며 이것저것 생각하다 결국 인간관계를 복잡하고 까다롭게 만들기 일쑤다.

하지만 인간관계는 간단하게 생각하면 된다.

일단 웃는다. 그것으로 충분하다.

내가 웃고 있으면 어떨까? 희한하게도 상대방 또한 기분이 좋아진다. 나의 웃는 얼굴이 상대의 웃음을 끌어내는 것이다.

네덜란드 암스테르담대학의 아네케 프뤼흐트는 이것을 '웃는 얼굴의 반보성 효과'라고 불렀다. 반보성은 보답의 의미로, 이쪽이 웃는 얼굴로 대하면 상대도 웃음으로 대한다는 것이다.

프뤼흐트는 두 명의 조교들과 실험을 진행했다.

그들에게 백화점과 슈퍼마켓의 쇼핑객 639명에게 말을 걸되, 어떨 때는 웃는 얼굴로 어떨 때는 무표정으로 동물 보호 기금을 모으도록 했다. 한 조교가 쇼핑객에게 말을 걸 때 다른 조교는 조금 떨어진 곳에서 쇼핑객의 표정을 관찰했다.

그 결과, 조교가 웃는 얼굴로 가까이 다가갔을 때는 자그마치 64.9%가 마주 웃어 주었다. 조교가 무표정으로 다가갔을 때는 64.7%가 무표정인 채였다.

이쪽이 웃는 얼굴을 보이기만 하면 제법 높은 확률로 상대도 웃는 얼굴을 보여줬다.

공적으로나 사적으로나 일단 웃으면 많은 사람이 여러분에게 좋은 인상을 받을 것이다. 붙임성 있게 미소를 지으면 상대도 똑같이 웃는 얼굴을 보이며 인간관계가 원만해질 수 있다.

사람은 같은 표정을 반복하다 보면 익숙해진다.

출퇴근 중이건 입욕 중이건 화장실에서 일을 보는 중이건 웃는 표정을 자주 짓다 보면 늘 웃는 얼굴이 된다.
그런 얼굴이 될 수 있도록 생각날 때마다 꾸준히 연습해 보자.

상대의 표정을
따라 해 본다

인간관계에서 문제를 일으키지 않는 사람은 대부분 공감도가 높다. 상대가 무엇을 생각하고 어떤 기분인지 바로 아는 사람일수록 인간관계에서 문제를 일으키는 일이 적다. 상대의 기분을 민감하게 알아차릴 수 있으므로 이상한 짓을 하지 않기 때문이다.

그러면 어떻게 해야 공감도를 높일 수 있을까?

이것도 사실은 의외로 간단히 해결되는 문제다.

"다른 사람이 무슨 생각을 하는지 잘 모르겠습니다."

"상대가 어떻게 느끼는지 잘 모르겠어요."

이런 사람들이 있겠지만, 사실은 그렇게 어렵지 않다. 그저 상대의 표정을 따라 해 보면 되기 때문이다. 그렇게 하면 상대의 감정을 알게 된다.

예를 들어, 공감도가 높은 의사는 환자가 "선생님, 배가 너무 아파요"라며 괴로운 얼굴로 증상을 호소하면 자기도 똑같이 얼굴을 찡그리며 괴로운 표정으로 "아이고, 그것참…… 얼마나 힘드셨을까?"라는 식으로 말한다. 그래서 환자도 그 의사가 자기 마음을 잘 안다고 받아들이게 되는 것이다.

그런 점에서 공감도가 낮은 의사는 다르다. 그는 환자의 표정을 따라 하지 않는다. 그저 무표정으로 "힘드시겠네요"라는 식이다. 공감하는 얼굴이 전혀 아니므로 환자는 '이 선생은 환자 마음을 전혀 모르나 보네'라고 생각하기 쉽다.

누군가가 "오늘 아침에 말이죠, 좋은 일이 있었는데요"라며 웃는 얼굴로 말을 걸면 똑같이 웃는 얼굴로 "무슨 일이 있었습니까?"라고 응하는 게 좋다. 웃는 얼굴을 만들어 보면 그 사람의 좋은 기분을 자기 일처럼 잘 이해할 수 있다.

공감도가 높은 사람은 무의식중에 '상대의 표정을 따라 하기'라는 테크닉을 실천하고 있다고 한다.

스웨덴 룬드대학의 마리안네 손뷔보리스트룀은 공감도가 높은 사람은 화난 얼굴과 웃는 얼굴의 슬라이드를 보았을 때 같은 표정을 짓는다는 사실을 밝혀냈다.

표정이 언짢은 사람이 있다면 스스로 조금 언짢아 뵈는 표정을 지어 보자. 그렇게 하면 '기분이 안 좋은 모양이네. 지금은 말 걸지 말고 가만히 있는 편이 나을 것 같다'라고 상황을 자연스럽게 이해하게 된다.

공감도가 떨어지는 사람은 어쨌든 상대의 표정을 스스로 따라 해 보면 좋다. 그렇게 하면 상대가 어떤 감정인지 본인도 잘 알게 될 것이다.

술자리를 함께 한다

미국의 경제 컨설팅 회사 어낼러시스그룹의 베서니 피터스와 새너제이주립대학의 에드워드 스트링엄은 남성 4,242명과 여성 3,371명을 대상으로 하는 대규모 조사에서 "술을 마시는 사람이 술을 마시지 않는 사람보다 수입이 10%~14%나 높다"는 결과를 얻었다. 그들은 이것을 '술꾼의 프리미엄'이라고 불렀다.

왜 술을 마시는 사람이 마시지 않는 사람보다 부자가 되기 쉬운 걸까?

피터스와 스트링엄에 따르면, 그 이유는 술을 마시러 나가는 행위가 사회 자본이 되기 때문이다. '사회 자본'이라 하면 퍼뜩 와닿지 않을지도 모르지만, 간단히 말해서 인맥을 뜻한다.

술을 마시러 나갈 때는 대체로 누군가와 마시는 것이 보통이고, 그런 술자리는 인맥 만들기에 유용하다. 그 인맥이 수입을 끌어올리는 작용을 하는 것이다.

인맥을 만들고 싶다면 술자리에 나가는 것이 좋다. "다음에 같이 한잔해요"라는 말은 흔히 하는 빈말이지만, 빈말로 끝내서는 안 된다. 날짜를 잡아서 바로 일정에 넣어 두자.

술을 마시러 가면 그저 표면적으로 어울리는 것을 넘어 어딘가 사적인 분위기가 되면서 상대와 제법 친밀해질 수 있다. 타인과 친해지고 싶다면 술자리를 자주 마련하는 것이 좋다.

좋은 팁을 하나 소개하자면, 되도록 많은 인원보다는 두 사람, 혹은 세 사람 정도만 함께 하는 것이 좋다. 사람이 많을 때보다 적을 때 터놓고 이야기하기가 쉽고, 그만큼 빨리 친해질 수 있기 때문이다.

또한 술이 그다지 세지 않더라도 술자리에는 자꾸 얼굴을 비추는 편이 좋다. 엄청 묽게 희석한 술이나 음료수를 마셔도 된다. 함께 술자리에 있다는 것만으로도 인맥을 만들 수 있는데, 술을 못한다고 거절해 버리는 건 아까운 일이다.

마음이 맞지 않는 사람과는 최소한으로만

 기본적으로는 누구하고도 잘 어울리는 게 이상적이지만, 도무지 정이 안 가거나 마음이 안 맞는 사람도 있기 마련이다. 그럴 때는 '더는 어쩔 수 없다'라는 결론을 내고 그 사람과 어울리는 일은 최소한으로 줄이는 것이 인간관계에서 지치지 않는 포인트다.

 캘리포니아대학의 글로리아 루옹은 "인간관계에서는 젊은 사람보다 나이 든 사람의 만족도가 훨씬 높다"라는 사실을 알아냈다. 고령자는 자신이 기분 좋게 어울릴 수 있는 사람하고만 어울리는 경향이 있기 때문에 만족도가 높은 것이다.

 '누구하고든 잘 지내야 해.'
 '모두의 호감을 얻지 못하면 의미가 없어.'

그렇게 믿다 보면 인간관계가 고통스러워진다.

어울리기 힘든 사람과는 더 이상 함께 하지 않겠다는 기준을 세우고, 그런 사람과는 표면적인 관계만 유지해도 된다. 같은 직장에 그런 사람이 있다면 인사만 하거나 사무적인 연락만 하는 수준에 그치는 것이다.

'싫은 사람도 좋아할 수 있도록 노력하는 게 낫지 않을까?' 하고 생각하는 사람도 있을 것이다.

미국 루이빌대학의 마이클 커닝햄은 우리가 어떤 특정한 인물에게 밀가루나 꽃가루 같은 '알레르기'를 가지고 있다고 지적한다. 알레르기이므로 더는 이러쿵저러쿵 논리적으로 설명할 필요 없이, 그런 사람과는 잘 지낼 수가 없는 것이다. 밀가루 알레르기인 사람에게 억지로 밀가루를 먹이려 하면 알레르기 반응이 나올 뿐이다.

싫은 사람도 좋아하겠다는 것은 밀가루 알레르기가 있어도 밀가루를 먹겠다는 말과 같다. 싫은 사람은 어떻게 해도 싫을 뿐이고, 알레르기와 마찬가지이므로 되도록 가까이하지 않아야 알레르기 반응을 막을 수 있다.

모든 인간관계를 원만히 만들겠다는 욕심은 이루기가 매우 어렵다. 그런 목표를 세우면 인간관계가 고통스러워질 뿐이므로 '도저히 마음이 안 맞는 사람도 당연히 있을 수 있다'라고 마음 편히 생각하자.

도저히 이 사람과는 잘 지내기가 무리라는 생각이 들면 "그 사람이 내게는 알레르겐(알레르기를 일으키는 물질)이다"라는 결론을 내리고 최대한 가까이하지 않는 편이 좋다.

닉네임으로
소통한다

 표면적인 관계에 머무를 뿐, 좀처럼 깊은 관계를 만들지 못해서 고민하는 사람이 있다고 하자. 좀 더 깊은 관계를 맺고 싶지만 그렇게 하지 못해 끙끙대는 사람에게는 이렇게 조언하고 싶다.
 "이름이 아닌 닉네임으로 소통해 보면 어떨까?"
 정중한 호칭으로는 심리적인 거리감이 좁혀지지 않는다. 내 쪽에서 먼저 "○○라고 불러 주세요"라고 하면, 상대도 마음 놓고 "그럼 저는 ○○라고 불러 주세요. 친구들은 모두 그렇게 부르니까요"라는 식으로 답해 줄지도 모른다.
 본명으로 불리느냐 닉네임으로 불리느냐는 매우 중요한 문제다. 남들과 잘 어울려 지내고 누구와도 금세 친밀한 관계를 맺을 수 있는 사람은 대개 닉네임으로 불리기 때문이다.

미국 클렘슨대학의 미셸 잉글리시는 남성 30명의 프로필을 사람들에게 읽게 한 후 느낌을 물어보았다. 각각의 프로필은 두 종류씩 준비되어 있었는데, 하나는 본명이 소개되어 있었고, 다른 하나는 닉네임이 소개되어 있었다. 그 외의 부분은 똑같았다.

그 결과, 본명보다 닉네임으로 소개된 쪽이 "친밀감이 느껴진다", "인기가 많아 보인다", "밝아 보인다"는 의견을 받으면서 좋은 인상을 준 것으로 판명되었다.

일반적으로는 닉네임으로 불리는 사람에게 경계심을 푸는 경향이 있기 때문에, 가능하면 되도록 빠른 단계에서 닉네임으로 불리도록 하는 것이 좋다.

닉네임으로 불러 달라고 부탁하기가 쑥스럽다면 명함에 새겨 놓는 게 어떨까?

그렇게 하면 명함을 교환할 때 상대도 웃음을 띠며 닉네임으로 불러 줄 가능성이 높아진다.

인간관계에 좋은
목적의식을 가진다

공부할 때 '오늘은 수학 문제집을 5페이지 풀어야지', '이번 달에는 영어 단어를 500개 외우자', '올해 안에 이 분야를 완벽하게 익혀 버릴 테다'라는 식으로 목적의식을 품고 공부하는 사람은 성적이 쑥쑥 오른다.

업무에서도 그저 막연하게 주어진 일만 하는 사람보다 '이런 식으로 고객을 대해 보자', '효율적인 방법을 찾아 봐야겠어', '오늘은 다른 지역으로 영업을 뛰어야지'라며 끊임없이 목적의식을 가지고 일하는 사람이 그렇지 않은 사람보다 확실히 스스로 성장해 간다.

이는 인간관계에서도 똑같이 적용되는 이야기다. 사람을 만날 때 목적의식을 지닌 사람이 그렇지 않은 사람보다 인간관계가 술술 풀린다.

미시간대학의 에이미 카네벨로는 "좋은 인간관계는 좋은 목적의식에서 생겨난다"고 주장한다. 카네벨로가 조사한 결과, 좋은 인간관계를 쌓을 수 있는 사람은 어김없이 어떤 식으로든 좋은 목적의식이 있다는 것이다.

'상대의 약점을 배려할 수 있도록 신경 써야겠어.'
'제멋대로 구는 행동은 되도록이면 하지 말자.'
'적어도 세 번은 상대를 기쁘게 만들겠어.'
'상대의 감정에 민감해져야지.'

이런 식의 목적의식을 가지고 사람을 대하다 보면 상대를 심리적으로 받아들일 수 있으며, 상대와의 관계도 양호해진다고 한다.

어느 초등학교 교사는 자신이 맡은 학생들에게 꼭 한 가지는 칭찬하겠다는 목적의식을 품고 수업에 임했다고 한다. 희한하게도 칭찬하겠다는 목적의식이 있으면 칭찬할 만한 점이 눈에 잘 띄고, 그만큼 학생들의 의욕도 쉽게 끌어낼 수 있었다고 한다.

또한 목적의식이 있으면 우리는 자신의 행동을 조심하게 된다.

거리를 걷고 있을 때, '배가 고프네. 뭐 좀 먹어야겠다' 하는 목적의식을 가지면 바로 음식점 간판이 눈에 들어온다. '내일 자료 준비를 해야 하니 책을 좀 사서 돌아가자'라고 생각하면 'ㅇㅇ서점'이라는 책방 간판이 눈에 띈다.

우리는 어떤 목적의식을 가지고 있기에 바로 거기에 집중할 수 있는 것이다. 인간관계도 요령 있게 해 나가는 사람을 보면 하나같이 남을 만날 때 좋은 목적의식을 제대로 가지고 있다.

무턱대고 사람을 만나서는 안 된다. 아무 생각도 없이, 막연히 사람을 만나다 보면 언제까지고 인간관계의 기술이 늘지 않는다.

단번에 호감을
얻을 수는 없다

처음 만나는 사람에게서 반드시 호감을 얻겠다고 생각해서는 안 된다. 그런 가당찮은 희망을 품고 있으면 이윽고 남과 만나는 것이 무서워지고 만다. '뭐, 머지않아 내 좋은 점을 상대방이 알아주면 돼' 정도로 맘 편하게 먹고 사람을 만나는 것이 정답이다. 몇 번 얼굴을 마주하다 보면 서로 마음을 터놓게 되기 때문이다.

   처음 만나는 자리에서는 피차 긴장하거나 불안을 느껴서 생각대로 대화를 나누지 못할지도 모른다. 하지만 두 번째, 세 번째로 만나는 횟수가 늘면 그 나름대로 대화도 활기가 돌고 친밀감도 느껴진다. 그러므로 허둥대며 첫 만남부터 호감을 얻고 말겠다는 생각은 하지 않는 것이 바람직하다.

미국 아이오와대학의 토머스 보코벡은 대학생 250명을 대상으로 대인 불안 측정 심리 테스트를 실시했다. 이어서 그 테스트에서 불안감이 높게 나온 사람과 낮게 나온 사람을 일단 나눈 다음, 큰 방에서 모르는 사람과 대화를 하게 하는 실험을 진행했다.

단 대화는 세 번을 해야 했다. 자신에게 할당된 짝꿍과 세 번은 얼굴을 마주하도록 짠 것이다. 보코벡이 말을 주고받는 횟수를 측정해 보니 다음과 같았다고 한다.

불안감이 높은 사람	1회차 25.6 ǀ 2회차 63.0 ǀ 3회차 61.7
불안감이 낮은 사람	1회차 37.9 ǀ 2회차 73.2 ǀ 3회차 66.5

데이터로 밝혀졌듯이 불안감이 높은 사람은 첫 번째에 거의 대화를 하지 못한다. 하지만 그런 사람도 두 번째가 되면 마음을 열게 된다.

사람을 만날 때는 확실히 첫 만남이 중요하지만, 긴장감과 불안감이 높으므로 무리하지 않는 것이 현명하다. '호감을 얻지 못하면 어쩌지' 하는 생각을 하다 보면 쓸데없이 긴장해서 말도 제대로 나오지 않는다.

첫 번째는 일단 얼굴을 마주하는 자리일 뿐이고, 자신의 장점을 어필하는 것은 두 번째 이후의 자리에서 차분히 하면 된다고 생각하자. 그런 식으로 결론 짓고 나면 한결 마음이 편해져서 첫 만남에서도 매끄럽게 이야기할 수 있을지도 모른다.

처음 만났을 때 긴장했다 하더라도 두 번째 만날 때는 이미 '지인'이다. 조금 더 편안한 기분으로 만날 수 있으므로 누구든 두 번째에 긴장을 풀고 대할 수 있다.

영업에서도 그렇다. 첫 번째 방문에서 아무리 야박한 대우를 받았더라도 굴하지 않고 두 번, 세 번 얼굴을 비추는 것이 좋다. 그러면 머지않아 고객 쪽도 마음을 열고 "들어와서 차라도 한잔하고 가세요"라고 말해 줄지도 모른다.

혼자가 힘들면
다른 사람과 함께

혼자서는 불안해서 어떤 행동도 하지 못한다는 사람이 있다. 예를 들면 파티에 가고는 싶지만 혼자여서 못 가는 사람이다.

'난 왜 이렇게 숫기가 없을까?'

'어쩜 마음이 이렇게 약할까?'

그런 생각을 하며 우울해할지도 모르지만 고민할 필요가 전혀 없는 문제다. 그럴 때는 친구와 둘이서 가면 그만이다. 친구가 함께 있어야 마음 든든할 것 같으면 굳이 혼자서 담력 시험을 할 필요가 없다. 함께 가주면 좋겠다고 부탁하면 된다.

미국인 하면 매우 사교적이어서 파티 같은 데도 기꺼이 참석할 것 같지만, 실제로는 내성적인 사람도 적지 않다. 그런 사람은 누구라도 함께 있지 않으면 좀처럼 행동하지 못한다.

미국 엘리자베스시티주립대학의 스콧 브래드쇼는 극단적으로 내성적인 사람은 누군가 아는 사람이 동행하지 않으면 밖으로 나가지도 못한다고 지적하며 '사회적 대리인 가설'이라는 이론을 제창했다. 내성적인 사람은 대리인(친구)이 있어야 비로소 행동할 수 있다는 것이다.

바꿔 말해서 친구만 있으면 적극적으로 움직일 수 있다는 뜻이다. 그러므로 친구에게 부탁해서 다양한 사람을 만나러 가 보자.

혼자서 행동하는 게 두렵다는 것은 인간의 당연한 반응이다. 전혀 창피하게 여길 일도 아니고, 그저 배짱이 없을 뿐이므로 걱정할 필요가 없다. 누군가에게 부탁해서 함께 가면 그만인 이야기다.

아이들은 혼자서는 마음이 불안해서 공원 같은 데 놀러 가지 못한다. 엄마나 아빠가 함께 가지 않으면 어디든 아예 놀러 가지 못할지도 모른다. 그러나 그것도 처음만 그렇지 익숙해지면 혼자서도 행동할 수 있게 된다.

어른도 마찬가지다. 처음에는 친구의 도움이 필요할지 모르지만, 곧 익숙해져서 혼자서도 행동할 수 있게 되므로 안심하기를 바란다.

말하기 어려울 때는
잘 들어 주자

남과 이야기하는 것이 어렵다는 사람은 많다. 상대방을 즐겁게 할 만한 대화를 하지 못한다고 고민하는 사람도 많다.

그러나 특별한 주제가 없다면 먼저 이야기하지 않아도 된다. 오히려 상대에게 이야기를 많이 시키면서 듣는 역할을 맡으면 된다. 괜스레 재치 있는 이야기를 하려고 하니까 대화가 무서워지는 것이다.

미국 웨이크포레스트대학의 마크 리어리는 지루한 대화에 대한 분석을 시도한 적이 있다. 어떤 대화를 할 때 상대가 지루해하는지 조사해 본 것인데, 당당히 1위를 차지한 항목은 '자기중심성'이었다. 즉 상대의 이야기를 듣지 않고 자기만 계속 떠들 때 상대는 지루함을 느끼고 만다.

내가 이야기를 잘한다고 멋대로 생각하다 보면 아무래도 혼자서 마구 떠들게 된다. 그러나 그런 대화는 정말 최악이다.

자기 쪽에서 먼저 이야기하려고 하기보다 상대에게 많은 이야기를 시킬 때 상대도 기뻐하고 인상도 훨씬 좋아진다. 두루 호감을 사는 사람 중에는 사실 듣기의 명수가 많다.

물론 남의 이야기를 잘 들으려면 훈련이 필요하다. 그저 귀만 기울이면 되느냐면 그렇지 않다. 남의 이야기를 잘 들으려면 타이밍 좋게 맞장구도 치고, 상대가 이야기를 키울 만한 질문도 끼워 넣어야 한다. 또 아무리 시시한 이야기라 해도 흥미로운 얼굴로 생긋생긋 웃으며 들어 주는 것도 필요하다.

'내게는 대화 능력이 없다'라는 자각이 있다면 대화의 달인을 목표로 삼을 필요가 없다. 그만큼 상대의 이야기를 제대로 듣는 데 전력을 쏟아붓자.

상대가 하는 이야기는 한마디도 놓치지 않겠다는 태도로 귀를 기울이면 상대도 즐거워할 것이고, 나에 대한 호감도도 틀림없이 높아질 것이다.

호감을 얻기 위해
지나치게 애쓰지 않는다

워싱턴대학의 로널드 스미스에 따르면 인간관계로 불안을 쉽게 느끼는 사람은 자신이 상대를 좋아하는 것 이상으로 상대가 자신을 좋아해 주기를 바라는 경향이 있다.

'꼭 좋은 인상을 주고 싶어.'

'모든 일에서 호감을 얻고 싶어.'

그렇게 생각하기 때문에 불안이 커지고 만다.

그러면 어떻게 해야 불안을 말끔히 떨쳐낼 수 있을까? 답은 간단하다. 상대가 나를 좋아하느냐 마느냐는 상대방이 결정할 일이고, 본인은 어떻게 할 수 없는 일이므로 이제 될 대로 되는 수밖에 없다고 마음을 다잡는다.

'호감을 못 얻어도 상관없다'라고 생각하는 것이다. 호감을 얻어야겠다는 생각을 버리면 어깨에 괜히 힘을 주지 않아도 된다. 꾸밈없는 자연스러운 태도로 상대와 접할 수 있다. 그러면 어떻게 될까? 거꾸로 호감을 얻는다.

공부로 생각해 보자.

'반드시 시험에서 만점을 받고 말겠어!'라고 생각하다 보면 그 마음이야 훌륭하지만, 공부가 고통스러워지지 않을까? 그에 따라 시험에 대한 불안 또한 커지는 게 아닐까?

그런 점에서 '평균점 정도만 받으면 되지, 뭘' 하고 딱 잘라 생각해 버리면 시험공부도 그렇게 괴롭지 않을뿐더러 편한 마음으로 공부할 수 있어 오히려 생각지도 못한 높은 점수를 얻는 일도 적지 않다.

만나는 사람 모두에게 100점 만점을 받고 싶다고 생각하는 것도 사실 어쩔 수 없다. 이왕이면 누구에게든 사랑을 받고 싶은 것이 사람의 마음이기 때문이다.

그러나 현실적으로 그런 일은 불가능하다. '사랑받는 연예인' 같은 설문조사가 시시때때로 이루어지지만, 순위권 상위에 있는 연예인조차 모든 국민에게 사랑을 받느냐고 하면 그렇지 않다. 좋은 인상을 주는 연예인 역시 싫어하는 사람이 있을 수밖에 없기 때문이다.

하물며 평범한 우리가 모든 사람의 호감을 얻는다는 것은 절대로 있을 수 없는 일이다. '누구에게나 사랑을 받겠다'라는 생각은 불가능한 일에 도전하는 일이나 마찬가지다.

아무리 노력해도 미움을 받을 때가 있다. 내가 잘못해서가 아니라 원래 그런 법이기 때문이다. 내가 한 이야기가 시시해서, 성격이 나빠서, 얼굴 생김새가 못나서 그런 것이 아니다. 미움을 받을 때는 어떻게 해도 미움을 받을 수밖에 없다. 그건 이미 자신의 손을 떠난 문제라고 생각하자.

모두에게 사랑받지 못한다고 인간관계가 실패는 아니다. 사랑이나 호감을 얻으려는 노력은 중요하지만, 사랑받지 않아도 괜찮다고 마음을 단단히 먹자.

싫은 인간관계를 반면교사로 삼는다

세상에는 '왜 저렇게 성격이 나쁠까?' 싶은 사람이 있다. 아니, 오히려 그런 사람이 더 많아 보일 때도 있다.

사람들은 보통 싫은 사람은 가능하면 피하려고 한다. 그러나 그런 사람과 어울려 지내는 것도 결코 나쁜 일만은 아니라고, 발상의 전환을 한번 해 보면 어떨까?

싫은 인간과 어울려 지내라니, 사실은 그렇게 하기 싫겠지만 그런 사람에게서도 여러모로 많은 점을 배울 수 있다.

캘리포니아대학의 크리스탈 파크는 대학생 506명을 대상으로 과거 1년 동안 스트레스가 심했던 사건에 대해 알려 달라고 요청했다. 그랬더니 대부분이 스트레스의 원인으로 '인간관계'를 들었다.

그러면 그런 스트레스 가득한 인간관계가 어떤 영향을 미쳤을까. 파크에 따르면 결코 나쁜 일만은 아니었다고 한다. '그 일로 자기 성장을 할 수 있었다'라는 의견이 많았다는 것이다.

왜 싫은 인간과 어울려 지내는 것이 자기 성장으로 이어질까?

이를테면 싫은 인간은 보통 감정적이고 화를 내는 일이 잦지만, 그런 사람과 지내다 보면 상대의 감정을 민감하게 알아차리는 기술을 갈고닦을 수 있으며, 설령 화나게 하더라도 능숙하게 사과하는 기술을 연마할 수 있다. 또 어떻게 해야 상대가 화내는 일 없이 대화할 수 있는지 생각하다 보면 발언도 신중해진다. 그렇게 하여 스스로 성장할 수 있다.

싫은 인간과의 교류에서도 배우고자 하는 마음만 있으면 여러 가지를 배울 수 있다. 철학자 소크라테스의 아내는 크산티페라는 이름의 엄청난 악처였다고 한다. 어느 날 한 제자가 스승인 소크라테스에게 "어째서 저렇게 싫은 사람과 결혼했습니까?"라고 물었다. 소크라테스는 웃으며 "싫은 사람이기에 내가 더 많은 것을 배워 철학자가 될 수 있었다"라고 답했다고 한다.

싫은 인간관계에서도 여러 가지를 배울 수 있다는 점을 깨달으면 그렇게까지 혐오감을 느낄 일도 없지 않을까?

설령 상사가 엄청나게 싫은 인간이라 하더라도 '나는 이런 상사는 절대로 되지 않겠다'라고 반면교사로서 배움을 얻으면 된다. 시끄럽게 잔소리를 늘어놓는 상사를 통해 '내가 상사가 되면 잔소리는 하지 말아야지' 하고 생각하면 된다.

싫은 인간과 지내는 일은 피하기 어려울 때가 많으므로 자기 성장의 밑거름으로 실컷 이용하겠다고 발상을 뒤집어 보자.

취직과 이직에서 가장 중요한 것은?

앞으로 취직, 혹은 이직을 생각하고 있다면 한 가지는 꼭 기억하자.

사람들은 대개 복리후생이나 연봉 등의 조건으로 결정하려 하지만, 가장 중요한 것은 '직장 내의 인간관계'라는 점이다. 복리후생이나 연봉은 그다음에 생각해도 된다.

왜 인간관계가 중요할까?

어떤 일을 하더라도 직장에서의 인간관계가 싸늘하고 삐걱대면 일 자체도 싫어져 버리기 때문이다. 거꾸로 일은 그렇게 재미있지 않더라도 직장의 분위기가 화기애애하다면 즐겁게 일에 몰두할 수 있다.

학교도 그렇다. 반에 사이좋은 친구가 몇 명 있으면 수업 내용을 잘 따라가지 못해도 그 나름대로 즐거운 학교생활을 보낼 수 있다.

캐나다 브리티시컬럼비아대학의 존 헬리웰은 미국과 캐나다의 직장인을 대상으로 한 조사에서 '만족도는 연봉이 아닌 직장 내의 인간관계로 정해진다'는 사실을 밝혀냈다.

직장 동료에 대한 신뢰도를 10점 만점 기준으로 했을 때, 점수가 한 단계 오를 때마다 수입이 30% 증가할 때와 똑같이 만족도가 높아진다는 사실을 밝힌 것이다.

기분 좋은 상사와 동료에게 둘러싸여 일하다 보면 연봉이 조금 적거나 야근을 좀 해야 하더라도 그 나름대로 일에 대한 만족감도 높아진다. 마음이 편한 직장이기 때문이다.

반대로 설령 연봉이 많더라도 직장 동료들이 인사도 하지 않고 묵묵히 컴퓨터 앞에 앉아만 있는 직장에 다니다 보면 출근하기도 싫어진다. 인간이란 그런 존재다.

앞으로 이직을 생각하고 있다면 일단은 그곳의 분위기를 확실하게 조사해 놓자. 모두가 즐겁게 이야기하면서 일하는 직장이 이상적이다.

회사 홈페이지에는 어차피 좋은 내용만 있기 때문에 이것만으로는 부족하다. 반드시 그 회사에 다니는 사람에게 직장의 분위기를 묻거나 그곳을 아는 사람들에게 정보를 듣는 게 좋다.

쓸데없는 말은
하지 않는다

'친구끼리는 비밀 따위 만들지 말고 뭐든 서로 이야기해야 한다.'

'부부 사이에는 숨기는 일 없이 모든 것을 상대에게 이야기하는 게 낫다.'

이런 생각은 틀렸다.

절친한 사이라 해도, 설령 부부라 해도 상대에게 이야기하지 않는 편이 나은 일이 많다.

네덜란드 위트레흐트대학의 카트린 핀켄나우어르는 부부를 대상으로 한 연구에서 "비밀로 하는 게 더 나은 일이 꽤 있다"라는 결론을 도출해 냈다.

핀켄나우어르에 따르면 "20년 이상 결혼을 지속해 온 부부 중

62%는 과거의 비밀을 고백하는 게 유익하다기보다는 오히려 관계를 파탄 낼 만한 위험을 초래한다"고 보고 있다.

인간이기 때문에, 아무리 가까운 사이라 해도 말하기 싫은 일이 얼마든지 있을 것이다. 그런 것은 굳이 말할 필요가 없다. 이야기하면 상대와의 관계가 나빠질 뿐, 좋은 일이라고는 하나도 없기 때문이다.

양심에 가책을 받는 사람도 있겠지만, 그런 이야기를 들어야 하는 상대방의 괴로운 상황도 헤아려 보자.

인간관계에서는 뭐든 서로 이야기하는 게 다 좋은 것은 아니다. 오히려 얘기하지 않는 것이 최선일 때가 적지 않다. 특히 상대에게 불쾌감을 줄 법한 이야기는 마음속에 묻어 두는 편이 낫다.

질책 후에는 칭찬으로
균형을 잡는다

누군가를 지도해야 할 경우, 엄격하게 질책해야 할 때는 마음을 독하게 먹고 해야 한다. 그렇다고 해도 질책만 해서는 상대방도 풀이 죽고 만다. 상당히 어려운 문제다.

훈계하는 일 자체는 나쁜 일이 아니다. 그러나 반드시 후속 조치가 뒤따라야 한다. 한 번 혼을 내면 그 몇 배를 칭찬해 주어야 균형이 잡힌다.

워싱턴대학의 존 고트먼은 몇 년에 걸친 연구를 통해 '바람직한 인간관계를 쌓기 위한 황금비율'을 발견했다. 이것을 일컬어 '고트먼 비율'이라고 한다.

예를 들어, 만족스러운 결혼생활을 지속하고 싶다면 상대가 들기 싫어하는 소리를 한 번 했을 때 긍정적인 말을 다섯 번 해 주어야 한다. 부모와 자식 사이라면 어떨까? 만약 부모가 자식을 한 번 혼냈다면 세 번은 칭찬해 주어야 한다.

고트먼이 밝힌 인간관계의 황금비율 중 일부는 다음과 같다.

부모와 자식	긍정적 3, 부정적 1
상사와 부하	긍정적 4, 부정적 1
배우자	긍정적 5, 부정적 1
친구	긍정적 8, 부정적 1

친구에게 "그 머리 모양 별로 안 어울려"라고 솔직하게 말해 버렸을 때 친구가 울컥하는 표정을 지었다고 하자. 그렇다면 이후에 여덟 번이나 상대가 기뻐할 만한 말을 해 주어야 한다. 적어도 고트먼의 비율을 따르면 그런 계산이 된다. 이는 매우 힘든 일이므로 처음부터 남의 험담을 하지 않는 편이 현명하다.

기본적으로는 상대가 싫어할 법한 말은 하지 않는 편이 당연히 좋지만, 어쩔 수 없는 상황도 있기 마련이다.

만약 누군가를 혼내거나 질책하고 말았을 때는 고트먼의 비율을 떠올리자. 내일부터 당분간은 상대를 칭찬해야 한다고 생각하자는 이야기다. 제대로 칭찬해 줌으로써 균형을 잡으면 상대와의 관계가 나빠지는 일은 피할 수 있다.

거북한 사람일수록
먼저 손을 내민다

한 유명회사의 대표는 자신의 자서전에서 영업부에 막 발령받았을 때의 추억을 이야기한다. 그곳의 상사는 그가 가장 거북하게 여기는 유형의 인물이었다고 한다.

그래서 그가 어떻게 했느냐 하면, 상사에게 2주에 한 번의 미팅을 요청하여 반강제로 둘이서만 이야기하는 자리를 만들었다고 한다.

거북한 유형이라고 해서 피하는 것이 아니라, 자기 쪽에서 먼저 손을 내민 것이다. 2주에 한 번이라면 참을 수 있다는 계산도 틀림없이 있었을 것이다.

참고로 1년 후, 그 상사는 마케팅 부문의 부문장으로 이동했다고 한다. '아이고, 겨우 해방됐구나' 하고 그가 기뻐한 것도 잠시, 그로부터 4개월 후에 어떻게 된 일인지 또 그 상사가 불러들여서 예전처럼 미팅을 계속하는 신세가 되었다.

그리고 그 상사가 플라스틱 사업 부문의 부문장으로 또 전출되었지만, 3개월 후 또다시 그를 불러들였다고 한다. 예기치 않게 상사가 그를 마음에 쏙 들어 했던 모양이다.

거북하다고 해서 피해 다녀도 사실은 어쩔 수 없다. 거북한 상대라면 자기 쪽에서 먼저 부딪쳐 보는 편이 오히려 좋을 때가 적지 않다.

플로리다국제대학의 메리 레빗은 곤란한 인간관계를 어떻게 대처하는 것이 현명한 방법인지 조사해 보았다. 그 결과, 가장 효과적이었던 방법이 '자기 쪽에서 먼저 말을 건넨다'였다고 한다.

한창 일하는데 거북한 상사가 "어이, ○○!"라고 불러대면 그야말로 불쾌하다. 그렇게 불려 다니는 것을 막으려면 어떻게 해야 할까? 자기 쪽에서 먼저 매일 아침 상사에게 가서 "오늘은 제게 지시할 사항이 없으십니까?"하고 물어보는 것이다. 아침에 지시 사항을 들어 두면 작업 중에 불려가는 일도 어느 정도는 줄일 수 있다.

상사에게 부탁받은 업무를 할 때는 중간중간 보고하러 가는 것도 좋다. "이런 식으로 진행하고 있는데 괜찮을까요?" 하고 일일이 확인을 받아 놓으면 나중에 불평을 들을 일도 줄어든다.

유사점이 많은 사람과 어울린다

원만한 인간관계를 만드는 데 사소한 비결 하나를 소개하자면, 되도록 자신과 유사점이 많은 사람과 어울려 지내는 것이 좋다. 자신과 닮은 점이 많은 사람이 그렇지 않은 사람보다 궁합이 잘 맞을 때가 많기 때문이다.

심리학에는 '유사성의 원리'라는 게 있다.

어떤 원리냐면 유사점이 많은 사람일수록 서로 마음을 쉽게 열고, 친밀감을 쉽게 느끼며, 사이좋게 될 가능성이 높아진다는 원리다.

프랑스 남브르타뉴대학의 니콜라 게겐은 학생으로 위장하여 대학생 50명에게 '식생활에 대한 설문조사에 응해 달라'는 이메일을 보내 보았다.

이때 학생 중 절반에게 보낸 메일에는 발신인의 이름을 상대방의 이름과 같은 것으로 바꿔 보냈고, 나머지 절반에게는 다른 이름으로 보냈다.

그 결과, 설문에 응답해 준 비율은 다음과 같았다고 한다.

상대와 같은 이름으로 보냈을 때	96%(25명 중 24명)
상대와 다른 이름으로 보냈을 때	52%(25명 중 13명)

데이터로 밝혀졌듯이 우리는 자신과 성이나 이름이 같은 사람에게는 친절히 대응한다. 유사성의 원리가 작용해서다.

유사성의 원리는 이름뿐 아니라 출생지, 출신 대학, 나이, 취미, 가족 구성 등 다양한 영역에서 나타난다는 사실이 확인되었다.

타인과 대화를 할 때는 되도록 상대와의 유사성이 높은 화제를 고르는 것이 포인트다. 그래야 대화도 활기를 띠고 빠른 시간 안에 친해질 수 있기 때문이다.

"저도 ○○씨처럼 △△에서 태어났어요."

"저도 ㅁㅁ대학을 나왔는데…… 그럼, 제가 후배네요."

"저도 자전거로 출근합니다."

이처럼 상대와의 유사점을 강조할수록 대화는 매끄럽게 흘러간다. 다양한 대화를 통해 접점을 찾아내는 것이 중요하다.

4장
금세 떠오르는 부정적인 사고 뒤집기

등을
구부리지 않는다

우리의 사고는 자세에도 영향을 받는다. 부정적인 사고로 치닫기 쉬운 자세란 것이 있어서, 그런 자세로 있으면 부정적인 생각만 머릿속에 떠오르고 만다.

캐나다 요크대학의 비에타 윌슨은 "등을 구부리고 있으면 과거의 슬픈 일 따위가 머릿속에 쉽게 떠오른다"는 사실을 밝혀냈다. 머리를 감싸고 등을 구부리고 있었더니 24명 중 17명이 긍정적인 것보다 부정적인 것이 머릿속에 떠올랐다는 것이다.

그러면 어떻게 해야 부정적인 사고를 떨쳐낼 수 있을까?

윌슨에 따르면 긍정적인 사고가 쉽게 떠오르는 자세를 취하면 된다.

긍정적인 사고가 쉽게 떠오르는 자세란 곧 등을 구부리는 것과 반대되는 자세다. 즉 등을 꼿꼿하게 편 직립 자세다. 그렇게 등을 펴고 똑바로 있으면 이번에는 과거의 즐거웠던 일, 기뻤던 일이 머릿속에 쉽게 떠오른다. 실험 참가자 24명 중 22명은 그런 자세를 취했더니 "긍정적인 생각이 떠올랐다"라고 답했다.

요즘 사람들을 보면 책상 앞에 붙어 앉아 일할 때가 많아서인지 등이 구부정한 사람이 늘고 있다.

이것은 매우 위험한 일이다.

새우처럼 등을 구부리고 있으면 아무래도 부정적인 일들이 떠오르기 쉽기 때문이다. 부정적인 사고에 시달리고 있다면 그 원인이 새우등일 수도 있다.

'어쩐지 내 인생은 시시해.'

'혹시 정리해고 당하는 건 아닐까.'

'다들 내 욕을 하는 거 같은데······.'

그런 비관적인 생각만 머릿속에 떠오른다면 먼저 자세를 바로잡아야 한다. 등을 일단 쭉 펴고 나면 그런 사고에 쉽게 빠지지 않으므로 꼭 실천해 보자.

우리의 마음은 자세의 영향을 많이 받으므로 부정적인 사고에 쉽게 빠지는 사람이라면 일단 자세를 바로잡는 데서 시작해 보면 어떨까.

고개를
숙이지 않는다

럭비든 축구든 농구든 프로팀 감독이나 코치를 보면 선수들에게 "얼굴 들어!", "고개 숙이지 마!" 하고 매섭게 채찍질할 때가 많다.

왜 얼굴을 들게 할까? 고개를 숙이고 있으면 기분까지 우울해져서 '이러다 지는 게 아닐까?' 하고 심리적으로 위축되기 때문이다. 마음이 먼저 지고 나면 시합에 이길 수 있을 리 없다. 그래서 어쨌건 얼굴을 들라고 감독과 코치는 고함을 지른다.

앞서 등을 꼿꼿이 펴는 것이 바람직하다고 이야기했는데, 등을 펴면 자연스럽게 얼굴도 조금 올라간다. 그렇게 해서 얼굴을 들고 있으면 투지도 끓어오르는 게 느껴진다.

캐나다 라발대학의 아르비드 카파스는 다음과 같은 연구 결과를 내놓았다.

"고개를 숙이고 있으면 주변 사람에게 슬퍼 보인다는 인상을 줄 뿐 아니라, 실제로도 비관적으로 되기 쉬우므로 주의해야 한다."

부정적인 사고에 빠졌을 때 '이런 생각은 그만하자', '좀 더 밝은 생각을 해야지', '낙관적인 사람이 되어야지' 하고 생각해도 좀처럼 마음먹은 대로 되지 않는다. 밝은 생각을 하고 싶어도 금세 부정적인 사고가 떠오르기 때문이다.

그런데 턱을 드는 간단한 동작만으로도 부정적인 사고를 어느 정도 떨쳐낼 수 있다. 게다가 얼굴을 들고 있으면 밝은 생각을 하겠다고 굳이 노력하지 않아도 저절로 기분이 밝아지는 것을 느낄 수 있을 것이다.

마음을 바꾸는 것보다는 자세를 바로잡아 보는 편이 현실적으로 훨씬 효과적이다. 마음이 꺾일 것 같을 때, 자기가 질 것 같을 때는 일단 턱을 들어 보자. 얼굴을 들고 있으면 기분도 덩달아 위를 향한다. 턱을 내리고 있으면 점점 기분도 처진다.

만약 거래처 영업이 순조롭지 않았더라도, 클라이언트에게 제출한 기획안이 통과하지 못했더라도 고개를 숙이지 말자. 그러면 "다음에 잘하면 되지!" 하고 적극적인 마음이 된다. 고개를 숙이고 있으면 마음도 움츠러들기 마련이므로 어떤 일이 있어도 절대로 고개 숙이지 않겠다고 가슴에 새겨 놓자.

생활에 웃음을 끌어들인다

매사에 쉽게 비관하고 걱정이 많아 고민이라면 생활 속에 웃음을 끌어들여 보자.

개그맨이 나오는 방송을 보거나 스탠딩 코미디 공연을 보러 가거나 재미있는 만화를 보거나 유튜브에서 재미있는 동영상을 보는 등 원하는 방법으로 하루에 한 번은 크게 웃는 시간을 마련해 보는 게 어떨까?

미국 네바다대학의 윌리엄 켈리에 따르면 걱정거리와 웃음은 반비례한다. 재미있는 일을 생각하거나 재미있는 것을 보고 웃는 시간이 많아질수록 걱정은 점점 줄어든다는 이야기다.

또 켈리에 따르면 잘 웃는 사람일수록 불면에 시달리는 일이 적다. 매일 웃음이 있는 생활을 하다 보면 밤에도 푹 잘 수 있다는 이야기인데, 무엇보다 큰 이점이 아닐까 싶다.

아무튼 웃고 지낼 수만 있다면 어떤 장르든 상관없다.

시끌벅적한 개그가 좋은 사람도 있을 테고 코미디 영화가 좋은 사람도 있을 것이다. 누군가가 실수로 자빠지는, 그런 우스꽝스러운 순간을 잡은 동영상을 좋아한다 해도 괜찮다. 기본적으로는 어떤 장르건 상관없으므로 자신이 크게 웃을 수 있는 것을 찾아내자.

텔레비전이나 영화를 보다가 금방 지치는 내게는 만화가 안성맞춤이다. 개그 만화를 아주 좋아하는데, 황당무계한 개그가 넘쳐나는 만화를 읽으면 언제든 폭소하고 만다. 이미 읽은 만화라도 어김없이 또다시 웃는다.

매일 크게 웃는 습관을 들이면 사소한 일로도 웃을 수 있게 된다. 즉 유머 체질이 될 수 있다. 타인에게는 시시한 일일지라도 나는 크게 웃을 수 있게 된다. 이러면 다 된 거나 마찬가지다. 비관적인 성향이 두드러지게 억제될 것이다.

낮 동안 몹시 침울해질 만한 일이 있었다면 귀갓길에 재미있는 동영상을 찾아놓고 밤에는 그것을 보자. 재미있어 보이는 방송을 찾아서 봐도 된다. 그러다 보면 언짢은 기분도 어딘가로 날아가 버릴 것이다.

'아무래도 요즘 별로 웃은 적이 없는 것 같다'라는 자각이 있다면 매우 위험하다. 자기도 모르는 사이에 부정적인 사고가 늘었을 가능성도 충분히 생각해 볼 수 있으므로 최대한 일상생활에 웃음의 요소를 도입해야 한다.

악몽은
신경 쓰지 않는다

우리는 악몽을 꾸면 몹시 걱정하는 경향이 있다. 예를 들어 자기가 죽는 꿈을 꾸고 나면 '혹시 이거 예지몽인가? 뭔가 안 좋은 일이 일어나려는 전조면 어떡하지?' 하고 걱정하는 사람이 적지 않다.

그러나 이 점에 관해서는 전혀 문제가 없다고 확실히 말할 수 있다. 만약 나쁜 꿈만 꾼다고 해도 그렇게 걱정할 일이 아니다. 왜냐하면 그것이 일반적이기 때문이다.

부자가 되는 꿈이나 좋아하는 사람과 사귀게 되는 그런 행복한 꿈을 골라서 꿀 수 있다면 좋겠지만, 실제로는 나쁜 꿈을 더 자주 꾼다.

미국 산타클라라대학의 제리 크로스는 사람들의 꿈의 기록을 분석한 적이 있는데, 자그마치 90% 이상이 '악몽'이었다고 한다. 행복한 꿈을 꾸는 쪽이 오히려 드물다는 이야기다.

그러고 보면 나도 비탈길에서 굴러떨어지는 꿈을 자주 꾼다. 하늘에서 떨어지는 꿈을 꾸기도 한다. 누군가에게 혼나는 꿈도 꾼다. 반면에 즐거운 꿈은 그다지 꾼 적이 없다. 비율로 보면 역시 압도적으로 악몽 쪽이 많다.

여러분은 어떨까? 역시 악몽을 꿀 때가 많지 않을까?

하지만 그것은 지극히 평균적인 일이라고 생각하자.

크로스의 연구로 알 수 있듯이 인간은 악몽을 꿀 때가 많으므로 아무 걱정할 필요가 없다.

덧붙여 말하자면 몹시 지쳤을 때 우리는 으레 나쁜 꿈을 꾼다. 피곤한 날에는 악몽을 꾸기 마련이라고 생각하면 그렇게 마음에 담아둘 필요도 없다. 누구에게나 흔한 일이고 내게만 일어나는 일이 아니라고 생각할 수 있으면 조금은 안심이 되지 않을까.

왜 사람이 밤에 꿈을 꾸는지는 사실 아직까지 그 이유가 다 밝혀지지 않았지만, 꿈의 내용만 보면 악몽 쪽이 압도적으로 많고, 그 점은 누구에게나 마찬가지이므로 너무 걱정하지 않아도 된다.

좋지 않은 일은
계속되지 않는다

암에 걸리거나 교통사고를 당하는 건 분명히 불행한 일이다. 그러나 죽음과 직면하고 거기서 살아남으면 도리어 멘탈이 강해지기도 한다.

애리조나주립대학의 리처드 키니어는 교통사고를 당하거나 암에 걸리거나 심장발작을 일으키고도 기적적으로 생명을 건진 사람들을 인터뷰하여 "죽음에 직면하기 전과 직면한 후에 어떤 변화가 있었는가?"를 질문해 보았다.

그 결과, 살아난 사람들은 돈이나 재산에 관심이 줄어든 대신 타인에 대한 친절한 마음이나 봉사 정신이 생겼다고 대답한 사람이 많았다.

또 일상적인 사소한 일로 너무 걱정하는 일이 줄어들고 '어떻게든 되겠지' 하고 마음 편하게 생각할 수 있게 되었다는 답변도 많았다.

죽을 뻔한 일을 겪는 것은 대단히 괴로운 일이다. 그러나 그것을 뛰어넘으면 오히려 멘탈이 강해지는 고마운 은혜를 입을 수도 있는 모양이다.

만약 큰 병에 걸렸다 하더라도 너무 비관해서는 안 된다. 병에 걸림으로써 도리어 자신을 다시 살펴볼 수도 있고, 강인한 마음도 손에 넣을 기회라고 생각하는 편이 낫다.

우리는 자신이 체험한 적 없는 일에는 불안이나 공포를 느낀다. 누구나 죽은 적이 없으니 죽음을 두려워하는 것도 자연스러운 감정일 것이다. 그러나 죽음을 지나치게 두려워한들 아무 소용 없고, 만약 살아남을 수 있다면 멘탈도 강해지므로 딱히 이렇다 할 문제도 아니다.

만약 교통사고를 당했다 하더라도 모든 사람이 꼭 불행해지지는 않는다. 대개는 몇 개월 지나면 원래 상태로 돌아가는 것이 보통이다.

노스웨스턴대학의 필립 브릭먼은 교통사고로 하반신이 마비된 29명을 조사하여, 그들이 사고를 당한 직후에는 자신은 재수가 없다고 생각하거나 몹시 우울해했지만 몇 개월 지난 뒤에는 원래대로 돌아갔다고 보고했다.

어떤 비극이 일어나더라도 좌절해서는 안 된다.

어떤 처지에 놓이더라도 우리는 곧 다시 일어날 수 있으니까.

집 주변을 빠르게 걸어 본다

고민이 있을 때 집에 틀어박혀 지내서는 안 된다. 몸을 움직이지 않으면 부정적인 생각만 떠올라서 점점 수습하기가 어려워지기 때문이다. 이럴 때는 기분전환 삼아 밖으로 나가서 땀이 좀 날 만한 속도로 빠르게 걸어 보는 게 좋다.

걷기는 마음을 후련하게 하는 데 매우 효과적인 방법이다.

대개의 고민은 실컷 걷다 보면 어느새 해소되어 버린다.

미국 노스이스트루이지애나대학의 린다 팔머는 29세부터 50세까지 우울 성향이 있는 여성 참가자를 모집하여 2주간 매일 20분씩 걷는 실험을 한 적 있다. 걸을 때는 최대 심박수의 60~70% 정도의 속도로 걷게 했다. 즉 빠르게 걷게 한 것이다.

그랬더니 2주 후 놀라운 결과가 나왔다. 실험에 참가하기 전과 비교해 자신감이 높아졌고 혈압이 낮아졌으며 우울 증세도 누그러졌다. 또한 비관주의적인 성격도 낙관적으로 바뀌었다.

그저 빠르게 걷기만 해도 부정적인 사고는 사라진다.

"상사가 하도 잔소리를 해서 속상하다."

"이유도 없이 불안하다."

"장래를 생각하면 그저 불안할 뿐이다."

그럴 때는 망설이지 말고 밖으로 나가자. 그리고 30분쯤 집 주변을 돌아다녀 보자. 그러면 머릿속이 맑아지면서 고민하는 것도 어리석게 느껴지고 밝은 생각을 할 수 있게 될 것이다.

몸을 실컷 움직이면 부정적인 사고가 잘 떠오르지 않게 된다. 몸을 움직이지 않아서 점점 우울해지는 것이다.

애써 빠르게 걷기를 실천했다면 더 효과적인 방법도 기억해 놓자. 먼저 걷기 쉬운 워킹화를 신는 것이 중요하다. 걷기 어려운 신발을 신으면 금세 지쳐 버린다. 또 걸을 때는 손을 크게 흔들자. 몸에 리듬을 붙여서 위아래로 튕기듯 걸어 보자. 그렇게 쾌활하게 걷다 보면 마음도 유쾌해진다.

출근하기 전에 가볍게 걸으면 신체가 활성화되어 일의 능률도 올라갈 것이고, 퇴근하고 나서 걸으면 하루의 스트레스도 날려 버릴 수 있을뿐더러 기분 좋게 푹 잘 수도 있다.

걷기는 부정적인 사고를 날려 보내기에 매우 편리한 심리 기술이다. 나도 하루에 한 시간은 걷고 있지만, 여러분도 꼭 시도해 보기를 바란다.

손실과 이득을 따져
생각한다

사람은 본능적으로 타산적인 구석이 있어서 자신에게 손해가 될 법한 일은 되도록 하지 않으려 한다.

그러니 다음과 같은 자문자답을 한번 해 보자.

'비관적으로 계속 살아가면 얼마나 손해를 볼까?'라고.

이렇게 생각해 보면 틀림없이 낙관적인 쪽이 이득임을 인식할 수 있고, 비관적인 성격을 개선하고자 하는 동기 부여도 된다.

펜실베이니아대학의 해럴드 줄로는 1948년부터 1984년까지의 미국 공화당, 민주당의 대통령 후보 지명 수락 연설을 분석했다. 그 결과 미국의 상황(교육, 경제 등)에 대하여 비관적인 말을 한 후보자가 10회 중 9회의 선거에서 패배했다는 사실을 밝혀냈다.

줄로는 또 1900년부터 1944년까지로 범위를 넓혀 분석해 보았는데, 역시 12회의 선거에서 9회는 패배했다는 사실이 판명되었다.

비관적인 사람이 패배하는 것은 정치에서만의 이야기가 아니다. 미국심리학회의 회장을 맡기도 했던 마틴 셀리그만의 『학습된 낙관주의』에는 그가 조사한 내용이 담겨 있는데, 낙관주의자는 스포츠의 세계나 공부의 세계, 비즈니스의 세계 등 어디서나 성공을 거둔다고 한다. 즉 낙관적이 되면 인생에서 엄청나게 큰 이득을 보게 된다는 것이다.

매사에 자주 비관하는 사람은 '이대로는 안 돼'라는 위기의식을 느껴야 한다. 그런 위기의식이 있으면 진지하게 자신의 성격을 바꿔 보겠다는 마음을 먹을 수 있다.

다이어트에 성공하는 사람은 '이대로는 절대 안 돼'라는 강한 의지로 다이어트에 임하는 사람이다. 성격을 개선하고자 할 때도 마찬가지여서 본인에게 강한 의지가 있어야 한다. 그러려면 '비관적인 인간은 절대적으로 손해만 본다'라는 사실을 강하게 자각할 필요가 있다.

수험 공부도 마찬가지다. '원하는 대학에 합격하면 틀림없이 득을 본다'라는 생각이 들어야 싫은 공부도 어떻게든 해내겠다는 마음이 생겨난다. 인간은 손실과 이득을 가늠해 움직이는 동물이기 때문이다.

비관적인 사람은 일단 자신이 얼마나 인생에서 손실을 보고 있는지, 성격을 조금 바꾸면 얼마나 이득을 볼 수 있는지 생각해 보자. 생각할수록 낙관적인 인간으로 다시 태어나겠다는 의지를 가질 수 있을 것이다.

거짓으로라도
밝은 미래를 상상한다

심리학 용어 중에 '피그말리온 효과'라는 것이 있다.

교사가 '이 학생은 틀림없이 성적이 오를 거야'라고 기대하면 정말로 그 학생의 성적이 오르는 현상을 피그말리온 효과라고 부른다. 사실 이 효과는 스스로에게 기대해도 일어난다고 알려져 있다.

'난 어차피 별 볼 일 없는 인생을 살 거야.'

이런 나쁜 생각을 품고 있으면 정말로 별 볼 일 없는 인생을 살게 되므로 주의해야 한다. 나쁜 일을 상상하면 정말로 나쁜 결과를 불러오므로 이 점은 단단히 조심해야 한다.

많은 일은 우리가 기대한 대로 풀리기 마련이다.

나쁜 일을 생각하고 있으면 그것이 자기암시가 되어 마음과 행동에도 영향을 미치고 만다.

독일 만하임대학의 요하네스 켈러는 남자 대학생 96명에게 감정적 지능을 측정하는 테스트를 실시했다.

단, 절반에게는 "감정적 지능은 여성 쪽이 높은 게 일반적입니다"라고 거짓말을 해 두었다. 그렇게 해서 부정적인 기대를 품도록 한 것이다. 그랬더니 테스트 결과가 정말로 나쁘게 나왔다.

나머지 절반에게는 "감정적 지능은 여성 쪽이 높다는 통념이 있지만 실제로는 그렇지 않습니다"라고 말해 두었는데, 이 그룹에 속한 남학생들은 지능 테스트의 결과도 높았다.

결국 어떤 기대를 품느냐에 따라 성과도 달라진다.

자신에게 나쁜 기대를 품어서는 안 된다. 거꾸로 좋은 기대를 잔뜩 품어야 한다. 좋은 일만 기대하며 살다 보면 실제로 좋은 일만 일어나게 되기 때문이다.

거짓말이라도 괜찮으니 밝은 일을 생각하자.

'난 5년 안에 출세할 거야.'

'난 나중에 꼭 대저택에 살 테다.'

그런 미래를 상상하며 실실 웃는 편이 마음의 건강에도 좋고, 피그말리온 효과를 발휘해 정말로 꿈이 이루어질 것이다.

낙관적인 사람을 따라 한다

만약 주변에 낙관적인 사람이 있다면 그 사람을 '본보기' 삼아 그 사람이 된 것처럼 행동하는 습관을 들이는 게 좋다. 본보기로 삼은 인물을 따라 하면 자신도 낙관적인 사람이 될 수 있기 때문이다.

가까운 곳에 본보기로 삼을 만한 사람이 없다면 연예인을 대상으로 삼아도 좋다. 누군가를 따라 하다 보면 그 사람과 똑같은 사람이 될 수 있다. 비록 연기라 해도 그 사람이 된 것처럼 행동하면 매우 효과적이다.

흥미로운 데이터를 하나 소개해 보겠다.

러시아 모스크바대학의 블라디미르 라이코프는 모스크바 음악원 학생들을 대상으로 "나는 러시아의 작곡가 세르게이 라흐마니노

프다"라거나 "빈이 낳은 천재 바이올리니스트 프리츠 크라이슬러다"라는 자기암시를 걸고 마치 그들이 된 것처럼 연주하도록 했다.

그 연주를 전문가에게 들려주자 실제로 높은 평가를 받을 수 있었다. 본인이 그렇게 굳게 믿으면 성과가 달라지는 법이다.

또 다른 실험에서 라이코프는 학생들에게 프랑스의 수학자 앙리 푸앵카레, 또는 러시아의 수학자 안드레이 콜모고로프가 되었다는 마음가짐으로 수학 시험을 치게 했다. 그랬더니 역시 수학 점수가 높아졌다.

또한, 미국의 체스 챔피언 폴 모피가 된 것처럼 체스를 두게 했더니 역시 체스 실력이 좋아졌다고 라이코프는 보고했다.

타인의 흉내를 내는 방법은 자신의 성격이나 행동을 바꾸기에 매우 편리하다. "나는 ○○다"라고 굳게 믿으며 그 사람이 된 양 연기를 하면 성격과 행동을 어느 정도 바꿀 수 있지 않을까?

인터넷이나 텔레비전에서 낙관적인 이미지의 연예인들이 보이면 그중에서 가장 자신과 분위기가 비슷한 사람을 골라 그 사람이 출연하는 방송이나 영화를 보고 아예 그 사람이 된 양 한번 연기해보자. 그러면 여러분도 틀림없이 낙천적인 인간이 될 수 있다.

객관적인 데이터를 모은다

 부정적인 사고가 몸에 밴 사람은 편견 때문에 부정적인 상태에 빠져 버리기도 한다. 그럴 때는 객관적으로 제대로 된 데이터를 모아 보면 자신의 이상한 편견을 깨달을 수 있다.

 '내게는 불행만 찾아와. 나는 왜 이렇게 재수가 없을까?'라는 부정적인 사고에 사로잡혀 있다면, 자신에게 일어나는 좋은 일과 나쁜 일을 수첩에 하나하나 기록해 보는 방법을 권한다.

 일주일쯤 기록해 보고 다시 행복과 불행의 비율을 객관적으로 판단해 보자. 만약 일주일 사이에 즐겁고 기쁜 일이 8번 있고, 재수 없는 일이 2번 일어났다 치면 '난 재수 없는 인간이야'라는 편견이 전적으로 오해임이 확실해진다. 좋은 일이 4배나 많이 일어났으니까 말이다.

부정적인 사람은 편견에서 벗어나지 못해 부정적이 되는 경우가 많다.

미국 노스캐롤라이나대학의 로렌스 새나는 실험 참가자들을 비관적인 사람과 낙관적인 사람으로 그룹을 나눈 뒤, 그들에게 열흘 후에 치를 시험의 점수를 예상케 했다. 실험 결과, 비관적인 사람은 엄청나게 나쁜 점수를 예상한다는 사실이 밝혀졌다.

그런데 열흘 후에 실제로 시험을 치러 보니, 비관적인 그룹과 낙관적인 그룹 사이에는 점수 차가 거의 없었다. 100점 만점의 시험에서 비관적인 그룹은 88.11점, 낙관적인 그룹은 87.00점으로 거의 같았다.

비관적인 사람은 어째선지 나쁜 결과를 예상해 버린다. 그러나 데이터를 제대로 살펴보는 버릇을 들이면 자신의 편견에 근거가 없다는 사실을 깨닫고 조금씩 고쳐 볼 수 있을 것이다.

'직장에서도 날 상대해 주는 사람은 아무도 없어'라는 생각에 풀이 죽었다면 실제로 상대해 주는 사람이 없다고 할 만한 근거가 있는지 제대로 데이터를 모아 보자.

'내게 인사를 해 주는 사람의 수', '내가 인사하면 인사해 주는 사람의 수', '업무 중에 말을 걸어 주는 사람의 수', '함께 점심을 먹어 주는 사람의 수' 등의 지표를 만들어 보고, 각각의 데이터를 모아 보는 것이다.

데이터는 자기만 알면 그만이므로 단순해도 상관없다. 말을 건네는 사람이 있을 때마다 '바를 정(正)자'의 획을 하나씩 더해 보자. 그렇게 데이터를 모아 보면 '뭐야, 따돌림당한다고 생각했더니 그렇지도 않네'라고, 사실을 객관적인 지표로서 본인도 이해할 수 있게 된다.

자기가 너무 뚱뚱한 것 같아서 좀 더 살을 빼야만 한다고 부정적으로 생각하고 있다면 이미 있는 통계 데이터를 찾아보는 게 좋다. 이를테면 45세 여성으로 키가 160cm이고 체중이 55kg인 사람이 있다고 하자. '적어도 6kg은 빼서 49kg을 만들어야 해'라는 생각에 골치를 앓고 있다면 통계청 자료를 찾아보자. 그러면 40~49세 여성의 평균 키는 159.9cm, 평균 체중은 59kg이라는 숫자를 찾을 수 있다. 이것을 보면 '내 몸무게는 지극히 보통이었구나' 하고, 가슴을 쓸어내릴 수 있다. 데이터를 보면 다이어트가 필요한지 어떤지 확실히 알 수 있다.

중압감을
당연한 것으로 생각한다

"난 간덩이가 작아서 어쩔 수 없어."

"금세 조마조마해져서 도무지 힘을 못 내겠다."

먼저 말해 두고 싶은 점은, 누구나 이렇게 느낀다는 사실이다. 딱히 나만 중압감에 약한 것이 아니다. 누구나 중압감에 약할 수밖에 없다.

이 점을 확실히 인식해 놓으면 '중압감에 지는 거야 당연하지'라고 마음 편하게 생각할 수 있다. 자기만 특별히 배짱이 없는 사람이 아니라는 사실을 이제는 알기 때문이다.

프로 선수도 마찬가지다. 그들도 중압감에 영향을 받는다. 프로인 만큼 심리학자 등 전문가를 통해 멘탈 강화 훈련도 받을 것이다. 그런데도 역시 중압감을 느끼고 포기하는 일이 많다.

프로인 그들조차 중압감을 못 이기는데, 초보자인 우리가 중압감에 영향받는 건 너무 당연한 일 아니냐고 생각해 보자.

노르웨이스포츠과학대학의 가이르 요르데는 월드컵, UEFA(유럽축구연맹)의 유로파리그, 챔피언스리그의 페널티 킥 395회를 모아 분석했다. 그는 킥이 승리로 이어질 때보다 패배로 이어질 때 중압감이 클 것이라는 가설을 세우고 그것을 검증해 보았다.

분석해 보니 자기가 실축하면 바로 패배로 이어질 때 공이 골대를 벗어나는 일이 많다는 사실이 밝혀졌다.

비디오 분석 결과, 숨 막히는 상황에서 키커는 골키퍼와 눈을 마주치지 않는다. 공을 차기까지의 준비가 빠르고 바로 공을 차려 한다는 사실도 아울러 밝혀졌다. 숨 막히는 상황에서 얼른 해방되고 싶기 때문일 것이다.

프로 선수도 중압감을 느낄 수밖에 없는 상황에서는 으레 실수한다. 하물며 초보자인 우리라면 더욱 그렇다.

중압감에 실수를 저지르는 것은 인간이라면 누구에게나 당연한 일이다. 만약 중압감에 졌다 하더라도 창피하다고 생각하지 말자. 자신을 괴롭히며 우울해질 필요는 없으니까……

부정적인 것에서
눈을 돌린다

부정적인 기분을 쉽게 느끼는 사람은 자기 기분을 해칠 만한 것을 골라서 인식하는 경향이 있다.

예를 들어 공원에 나갔다고 하자. 모처럼 공원까지 왔으니 예쁜 꽃들이나 마음을 달래는 분수 같은 풍경을 즐기면 좋을 텐데, 부정적인 사람은 어째선지 벤치 아래 버려진 쓰레기나 개똥 따위에만 눈길을 주고 만다. 불쾌한 것을 보고 굳이 부정적인 기분을 느끼는 것이다.

미국 브랜다이스대학의 데릭 아이자코위츠는 낙관적인 사람과 비관적인 사람을 모아서 다양한 슬라이드를 보여 주고 그 결과를 분석했다. 슬라이드에는 부정적인 기분을 느끼게 하는 것(피부암에 걸린 사람의 피부 등)과 중립적인 것(직선으로 된 디자인 등)이 있었다.

슬라이드를 보여 주었을 때 그들이 어디에 눈을 돌리는지 시선 추적 장치(Eye tracking)로 분석해 보았다.

그 결과, 낙관적인 사람은 부정적인 내용의 슬라이드를 비추었을 때 시선을 피했다. 반대로 비관적인 사람은 그런 것을 응시하는 경향이 있었다.

낙관적인 사람은 부정적인 것을 보면 자기 기분도 그렇게 되고 만다는 것을 경험적으로 알기에 눈을 돌린다. '냄새가 고약하면 뚜껑을 덮는' 작전을 쓰는 셈이다.

이에 반해, 비관적인 사람은 부정적으로 느낄 만한 것을 굳이 보고 만다. 그리하여 부정적이 되는 것이다.

비관적인 사람은 낙관적인 사람을 흉내 내어 부정적인 것은 의식하지 않도록 해야 한다.

매너 없는 사람을 보았을 때 불쾌감을 느낀다면 만원 전철에서 다리를 쩍 벌리고 앉아 있는, 매너가 나쁜 사람 쪽은 아예 쳐다보지도 말자. 전철 차창으로 보이는 멋진 풍경이라도 보고 있으면 마음이 차분해지지 않을까?

부정적인 대상을 되도록 의식하지 않는 버릇을 들이면 부정적인 감정도 생겨날 길이 없다. 그렇게 해서 부정적인 감정이 생기지 않도록 미리 손을 써두는 것도 중요하다.

낙관적인 사람은 무의식적으로 그렇게 하고 있다.
우리 모두 꼭 배웠으면 하는 포인트다.

일찍 일어나는 습관을 들인다

아침형 인간과 저녁형 인간. 여러분은 자신을 어느 쪽이라고 생각하는가?

만약 저녁형이라고 생각한다면 주의해야 한다. '멘탈이 약한 사람은 대체로 저녁형'의 경향을 보이기 때문이다.

미국 리처드스톡턴대학의 데이비드 레스터의 연구에 따르면 아침형과 저녁형으로 나누었을 때 저녁형이 우울감과 절망감이 높게 나타났다. 저녁형 인간에게는 그런 경향이 있다는 이야기다.

'저녁이나 되어야 뭐라도 슬슬 할 마음이 든다.'

'오전에는 도무지 할 마음이 생기지 않는다.'

'아침에 일어나는 게 너무 힘들다.'

이런 자각 증상이 있다면 어김없이 저녁형 인간이다.

되도록 아침 일찍 일어나는 습관을 들여서 아침형 인간으로 다시 태어나 볼 수도 있다.

아침형이니 저녁형이니 하는 것은 타고난 게 아니라 단순한 생활 습관이다. 따라서 본인이 바꾸자고 마음먹으면 얼마든지 바꿀 수 있다.

예를 들어 밤새우는 일이 잦다면 조금씩 취침 시간을 앞당겨 본다. 그러면 자연스럽게 아침형 인간이 될 수 있다. 아침이 밝아도 일어나기 힘들다면 방의 커튼을 치지 않고 자는 방법도 시도해 볼 만하다. 아침이 되어 해가 뜨면 눈이 부셔서 계속 누워 있지 못하고 깰 수밖에 없기 때문이다.

아침형 인간이 되면 우울감이나 절망감을 덜 느끼게 될 뿐 아니라 다른 이점도 있다.

미시간주립대학의 바바라 와츠에 따르면 아침형 인간은 매사에 적극적이고 무언가를 성취하려는 욕구가 강할 뿐 아니라, 시간 낭비를 싫어하며, 리더십도 강한 경향이 있다. 이에 반해, 저녁형 인간은 매사 소극적이고 시간을 낭비하는 유형이 많다.

아침형 인간의 이점이 이렇게 많다 하니, 한번 저녁형 인간을 그만두고 아침형 인간이 되어 보는 게 어떨까?

일단 생활 습관을 바꾸어 아침형 인간이 되고 나면 아침에도 그다지 어렵지 않게 일어날 수 있다. 한동안은 아침 일찍 일어나서 피곤을 느낄지도 모르지만, 2주 정도 지났을 때부터는 좀 쉽게 일어날 수 있게 되므로 그때까지 한번 도전해 보자.

NO. ....

5장
흔들리지 않는 강철 같은 마음 만들기

나만의
루틴을 정한다

언제든 자신이 낼 수 있는 최고의 성과를 내고 싶다면 어떤 '루틴' 을 만들어 놓는 것이 좋다. 루틴을 실행하는 습관을 들이면 그것이 의욕의 스위치가 되어 '자, 해 볼까!' 하는 심리 상태를 만드는 데 도움이 된다.

미국 노스캐롤라이나대학의 대니얼 굴드는 서울 올림픽에 출전한 레슬링 선수 전원(자유형 10명, 그레코로만형 10명)을 대상으로 그들이 겪은 '최악의 시합'에 대하여 여러 가지를 질문했다.

그 결과, 최악의 시합에서는 루틴을 지키지 않았다고 답한 선수가 53%나 되었다. 시합 전 상관없는 일을 생각하느라 루틴을 소홀히 한 결과, 최상의 성과를 내지 못했다고 답한 것이다.

루틴을 정하는 일은 매우 중요하다.

꼭 스포츠의 세계에 국한된 이야기가 아니다.

업무에 착수할 때도, 예를 들어 팔을 돌려 본다든가 커피를 한 잔 마신다든가 가볍게 스트레칭을 한다든가 하는 자기 나름의 루틴을 정해 놓자.

업무를 시작할 때마다 그 루틴을 빠짐없이 하다 보면 어느새 그 행위만으로도 의욕이 솟아나는 것을 느낄 수 있을 것이다. 루틴이 자신에게 의욕의 스위치가 되기만 하면 이제는 일일이 의욕을 북돋우기 위해 애쓰지 않아도 된다.

독일의 문호 프리드리히 실러는 늘 책상 서랍 안에 사과를 넣어 두고, 집필할 때는 꼭 그 향기부터 맡은 후 펜을 움직이기 시작했다는 재미있는 이야기가 전해진다. 아마 실러에게는 사과 향기를 맡는 일이 루틴이었을 것이다.

심리학에는 '고전적 조건 형성'이라는 이론이 있다. 아마 여러분도 '파블로프의 개'라는 말을 어딘가에서 들어본 적이 있을 것이다. 개에게 먹이를 줄 때 매번 종소리를 들려주면 곧 종소리를 듣기만 해도 개가 침을 흘리게 되는 것이 심리학에서 말하는 조건 형성이다.

루틴도 이것과 마찬가지다. 일단 어떤 루틴으로 의욕의 스위치가 켜지는 조건이 부여되면 그 루틴을 할 때마다 의욕을 낼 수 있게 된다.

타인의 루틴을
따라 한다

 루틴을 갖는 것이 매우 효과적인 방법이기는 한데, 그렇다면 도대체 어떤 루틴이 좋을까?

 루틴에는 기본적으로 정답이 없으므로 어떤 행동이든 상관없다. 그 행동으로 자신의 의욕을 끌어낼 수 있고, 남이 이상하게 보지 않을 만한 행동이라면 뭐든 괜찮다.

 만약 스스로 루틴을 정하기 어렵다면 남이 하는 것을 그대로 따라 해도 된다. 또는 자기가 정하지 않고 남이 정해 줘도 된다. 그래도 충분히 효과적이다.

 독일 쾰른체육대학의 프란치스카 로텐바흐는 테니스 경험자 24명을 대상으로 전원이 같은 루틴을 익히는 실험을 한 적이 있다.

루틴의 흐름은 이렇다. 먼저 볼을 응시하며 2~3회 심호흡을 한다. 이어서 서브 넣을 장소를 바라본 뒤 8번 공을 바닥에 튕긴다. 그리고 나서 다시 한번 서브 넣을 장소에 눈길을 주고, 공의 궤도를 머릿속에 그린 뒤 서브를 하는 것이다.

전원이 이 루틴을 익혔는데, 4주 훈련을 마친 뒤 서브 실패 수가 눈에 띄게 줄었다는 사실이 밝혀졌다. 이 실험은 남이 강제로 시킨 루틴도 효과가 있다는 사실을 보여 준다.

회사에 따라서는 업무를 시작하기 전에 다 함께 맨손체조를 하는 곳도 있다. '나이 먹을 대로 먹은 어른이 체조라니……'라고 생각할지 모르지만, 전원이 땀이 나도록 진지하게 하고 나면 업무 효율도 높아진다는 이야기를 들은 적이 있다.

아마 다 함께 하는 맨손체조가, 말하자면 루틴 같은 역할을 해서 사원들의 동기 부여에 도움을 주어 성과를 높였을 것이다. 다 함께 노래를 불러도 좋고, 다 함께 큰 소리로 아침 인사를 해도 좋다. 기본적으로 루틴은 어떤 행동이든 괜찮다.

만약 성과를 높이고 싶다면, 그냥 업무를 시작하기보다 다 함께 어떤 루틴을 함께 해 보는 것도 좋은 아이디어다. 내가 경영자라면 전 직원이 어떤 루틴을 함께 하도록 하고 싶다. 같은 루틴을 전원이 함으로써 조직의 일체감도 높아지고, 업무 효율도 향상되리라 기대할 수 있기 때문이다.

자신의 모습을 촬영한다

성과를 높이고 싶다면 자기가 작업하는 모습을 동영상으로 찍어 보는 게 좋다. 객관적으로 자신의 모습을 보면 여러 가지를 배울 수 있기 때문이다.

예를 들어 모두가 상품 포장 작업을 하고 있다고 하자. 그 모습을 동영상으로 찍어 보면 '어, 난 쓸데없는 동작이 많네', '자세가 좀 나쁜데……' 하며 미처 알지 못했던 점을 확실하게 깨달을 수 있다. 또한 자신이 프레젠테이션 하는 모습을 동영상으로 녹화해 보면 얼마나 잘 설명하는지 혹은 어디를 개선해야 할지 바로 확인할 수 있다.

자신의 행동을 객관적으로 바라보는 것을 '셀프 모델링(self-modeling)'이라고 한다. 스포츠계에서는 자기가 연습하는 모습을 동영상으로 촬영해 놓고 나중에 그것을 확인하는 셀프 모델링을 자주 한다고 한다.

캐나다 오타와대학의 어맨다 라이말은 하이다이빙 선수 10명을 대상으로 대회 전에 자신이 다이빙하는 모습을 찍은 동영상을 반복해서 시청하게 하는 실험을 한 적이 있다. 그 결과, 자기 모습을 봄으로써 동기 부여가 되고 자신감이 붙는다는 사실이 밝혀졌다.

셀프 모델링은 여러 가지 상황에서 도움이 된다.

노래를 잘 부르고 싶다면 혼자 노래방에 가서 자기가 노래하는 모습을 녹화하거나 녹음하면 좋다. 그렇게 하면 자기가 노래 부를 때 어디가 잘못되었는지 쉽게 알 수 있다. 자기 모습을 보거나 자기 목소리를 듣기가 쑥스럽겠지만 그런 셀프 모델링을 거치면 노래 실력은 훨씬 좋아진다.

우리는 자신을 좀처럼 객관적인 눈으로 보지 못한다.

'이 정도면 괜찮은 거 같은데'라고 믿어 버리기 때문이다.

그러나 동영상에 제대로 찍힌 자신의 모습을 나중에 보면 '우와! 이렇게까지 못하다니……' 하며 객관적으로 비판할 수 있다.

아마 처음 셀프 모델링을 시도해 본 사람은 깜짝 놀랄 것이다.

이 과정을 반복하다 보면, 약점을 보완하여 그 분야에서 더 능숙해진 나를 발견할 수 있을 것이다.

결과를 너무 걱정하지 않는다

프로 선수일수록 얼마나 심한 중압감을 받고 있을지 감히 헤아리기 어렵다. 승리가 숙명이 되었기 때문이다.

"그 사람이야 당연히 이기겠지."

"그 팀이라면 반드시 우승할 거야."

주변에서는 쉽게 부담을 주고, 그런 만큼 보통 선수보다 훨씬 심한 중압감을 느낄 수밖에 없다.

뉴질랜드 오타고대학의 켄 하지는 2004년부터 2011년까지 '올블랙스(All Blacks)'라는 별명으로 유명한 뉴질랜드의 럭비 대표팀을 분석한 적이 있다. 올블랙스 하면 세계 최강의 럭비팀으로 유명하다. 당연하게도 항상 승리가 요구되는 팀이기도 하다.

올블랙스의 승률은 75% 이상인 만큼 엄청난 중압감에 노출되어 있는데, 2007년 럭비 월드컵 준준결승에서 패배했을 때는 뉴질랜드의 온갖 매체에서 혹독한 비난을 받았다고 한다.

그런 올블랙스의 코치와 감독은 어떻게 선수들의 중압감을 줄이고 있는지 하지가 분석해 보았다.

코치들은 선수들의 중압감을 덜기 위해 마음을 편하게 만드는 일은 하지 않았다. 오히려 중압감을 '의욕'으로 능숙하게 변화시키는 일을 했다.

예를 들어 "중압감은 강한 인간만이 누릴 수 있는 특권이다. 내가 얼마나 강한지 남들이 인정했다는 것이다"라고 가르치거나 "사람들이 그만큼 나를 믿어 준다는 뜻이니 고마운 일이다"라고 가르쳤다.

그 결과 선수들은 중압감을 의욕으로 바꿀 수 있었고, 2011년과 2015년 월드컵에서는 멋지게 우승할 수 있었다.

중압감을 받게 되었을 경우, 그것을 의욕으로 연결해 버리는 것은 좋은 아이디어다. '모두의 기대를 받을 수 있다니 나는 행운아다'라고 생각하는 것이다. 그러면 의욕이 생긴다.

다만 결과를 지나치게 신경 써서는 안 된다. '어떤 결과가 나올지는 해 봐야 아는 것이니 걱정은 그만두자. 아무튼 눈앞에 주어진 과제만 묵묵히 해 나가면 된다'라고 생각하자.

주변 사람들이 승리를 기대한다고 해서 '어떻게든 기대에 부응해야 해!'라고 생각하면 중압감에 짓눌려 버리므로 '기대는 고맙지만, 결과는 알 수 없다'라는 마음가짐이 중요하다.

좋지 않은 결말은
생각하지 않는다

'긴장을 풀어야 해'라고 생각하면 도리어 긴장이 풀리지 않고, '내일은 일찍 가야 하니까 얼른 자야 해'라고 생각하면 오히려 더 잠을 이루지 못한다. 이런 현상을 '역설적 효과'라고 한다. 어떤 생각을 하지 않으려고 애쓸수록 그 생각이 머릿속에서 떠나지 않는 것을 말한다.

영국 뱅고어대학의 매튜 바로우는 대학 축구 소속의 선수들에게 페널티 킥을 20회, 2세트씩 차도록 해서 그 결과를 분석했다.

폭 100cm, 높이 240cm의 과녁을 그려 거기에 차 넣을 때마다 10점씩 받도록 했다. 과녁의 오른쪽에는 똑같이 폭 100cm, 높이 240cm의 '역설적 실책 구역'을 설정해 놓고, 그곳에 공이 들어

가면 −5점으로 계산했다. 또한 과녁의 왼쪽에도 폭 100cm, 높이 240cm의 구역을 설치하고, 그쪽에 공을 넣으면 점수는 얻지 못하지만 마이너스가 되지는 않도록 했다.

한편으로는 50개 항목의 심리 테스트를 통해 참가자들이 예민하고 지나치게 생각이 많은 경향이 있는지의 여부도 조사했다.

그 결과, 예민한 사람일수록 '실책 구역'에 많이 차 넣는다는 사실이 밝혀졌다. 예민한 사람은 '저기만은 피해야 해'라는 생각을 너무 많이 한 나머지 오히려 그쪽에 의식이 집중되어 거기로 공을 차 버린다. 그야말로 역설적인 일이 벌어지는 것이다.

'○○만큼은 생각하지 마세요'라는 지시가 나오면, 생각해서는 안 될 그 '○○'만 머릿속에 떠오른다. 그런 역설적인 효과를 피하려면 아예 상관없는 다른 것에 의식을 집중해야 한다. 다른 것을 생각하고 있으면 역설적 효과가 일어나지 않기 때문이다.

예를 들어 시험을 칠 때는 '긴장을 풀어야 해'라고 생각하면 오히려 긴장해 버리므로, '시험 합격 후의 즐거운 대학 생활'을 상상해 본다. 이렇게 하면 긴장을 조금이나마 가라앉힐 수 있다.

몸 어딘가가 아플 때도 역설적 효과는 일어난다. 왠지 무릎이 아프다고 느끼는 사람이 있다고 하자. 신경 쓰지 말아야겠다고 생각하면 더 신경이 쓰이므로 역시 아예 관계없는 일을 생각한다. 그러면 아픔도 그다지 신경 쓰이지 않게 된다.

완벽을
지향하지 않는다

업무에서는 완벽주의가 아니라 합격점주의가 낫다. '100점 아니면 안 돼'가 아니라 '70점이면 합격'이라는 사고방식으로 대응하자는 이야기다.

매사 완벽하게 하려면 시간도 노력도 엄청나게 필요하다. 그렇게 하다 보면 정신적으로도 당연히 지친다.

영국 요크세인트존대학의 앤드루 힐에 따르면 완벽주의자일수록 번아웃 증후군에 빠지기 쉽다. 완벽하게 하려는 마음가짐은 훌륭하지만, 언제든 그렇게 하려다 보면 신체적으로나 정신적으로나 심한 손상을 받게 되므로 주의해야 한다.

반면에 '뭐, 70점 정도면 되겠지' 하는 사고방식으로 업무를 보면 정신적으로 매우 편해진다. 물론 때로는 100점을 목표로 삼아도 괜찮다. 하지만 기본적으로는 합격점주의, 이것이 가장 지치지 않는 방식이다.

'파레토 법칙'이라는 말을 들어 본 사람이 있을 것이다. 일에서 정말로 중요한 것은 20% 정도이고, 나머지 80%는 매출이나 실적에 그다지 영향을 미치지 않는다는 것이 파레토 법칙이다.

그러므로 전력으로 매달려야 할 일은 20%. 여기에는 완벽주의를 지향해도 된다. 결과에 엄청나게 영향을 미치기 때문이다.

하지만 나머지 80%는 합격점주의로 대응하자. 살짝 적당히 힘을 빼고 하면 된다. 그래도 결과에는 그다지 영향을 주지 않는다.

보고서를 쓸 때를 예로 들면, 처음 몇 페이지는 상대방도 꼼꼼히 확인하는 편이므로 적당히 해서는 안 된다. 그러나 중간 부분은 읽는 사람도 대강 읽을 때가 많으므로 그렇게 심혈을 기울이지 않아도 된다. 그리고 마지막 결론 부분은 꼼꼼히 읽는 사람이 많으므로 여기도 정성껏 쓴다. 이런 방식으로 보고서를 쓰면 충분히 합격점을 받을 만한 내용이 된다.

인간관계도 마찬가지다. 언제나 이상적인 완벽한 인간을 연기하다 보면 어깨가 몹시 뻐근해진다. 모든 사람의 호감을 얻으려고 누구에게나 붙임성 있게 굴면 지치기도 많이 지치고 인간관계 자체도 번잡스러워지고 만다.

그런 만큼 다소는 적당히, 그렇게 완벽한 인간이 되려고 애쓰지 않으면 꾸밈없는 자신의 모습 그대로 있을 수 있다. 그렇게 사는 편이 당연히 낫다.

힘들 때 도움을 요청할 수 있는 사람을 찾는다

인간은 매우 약한 존재다. 아무리 멘탈이 강해 보이는 사람도 혼자서는 살아갈 수 없고, 우울해질 때가 있으며, 기운이 나지 않을 때도 있다. 그럴 때는 어떻게 하는 게 좋을까?

바로 자신을 도와줄 사람을 찾아가서 상담하는 것이다. 여차할 때 누군가의 도움을 받을 수 있다면 그만큼 마음 든든한 일도 없다. 그런 사람이 몇 명 있으면 강철 같은 멘탈을 유지할 수 있다.

캐나다 오타와대학의 나탈리 듀런드부시는 두 번 이상의 올림픽이나 세계선수권대회에서 메달을 딴 남녀 프로 선수들 대상의 인터뷰에서 '안정적으로 실력을 발휘할 수 있었던 비결'을 물어보았다. 그들이 공통적으로 답한 것은 '인간관계'였다.

결혼한 사람을 예로 들면, 고민이 있을 때 배우자에게 기대는 것이다. 배우자가 자신의 푸념을 들어 주고, 머리를 쓰다듬어 주고, 안아 줌으로써 마음이 차분해져 안정적으로 성과를 낼 수 있었다는 이야기다.

듀런드부시에 따르면 일류 선수일수록 배우자, 부모, 아이, 팀 동료, 스태프들과 좋은 인간관계를 유지하는 일을 중시한다. 인간관계를 소홀히 하지는 않는다는 이야기다.

힘들 때 도움을 요청할 수 있는 사람이 있기에 우리는 마음 든든히 지낼 수 있다. 그러한 내 편이 없는 사람은 멘탈 역시 약해질 수밖에 없다.

일반적으로 독신보다는 기혼자 쪽이 멘탈이 강한 경향이 있는데, 기혼자에게는 배우자와 아이라는 존재가 정신적인 버팀목이 되어 준다는 사실이 클 것이다.

자신을 도와주는 사람이 있으면 '나 또한 남을 위해서' 노력하겠다는 의욕도 생겨난다. '사랑하는 자식을 위해서라면', '지금까지 신세 진 감독님의 은혜에 보답하기 위해서라면'과 같은 이유가 있으면 인간은 자기가 가진 것 이상으로 힘을 낼 수 있다.

멘탈을 단련하고 싶다면 일단은 평소의 인간관계를 개선해야 한다. 인간관계를 개선해 놓으면 주변 사람들이 도와준다. 그런 보험을 들어 놓으면 비로소 안심하고 지낼 수 있다.

근육을 단련하면 멘탈도 강해진다

마음을 단련하고 싶다면 먼저 근육을 단련하자.

'어? 내가 단련하고 싶은 건 근육이 아니라 마음인데……' 하는 사람도 있을 것이다.

그러나 농담으로 근육을 단련하라고 권하는 게 아니다. 우리의 의지력, 멘탈은 근력과 큰 관계를 맺고 있다. 마음이 약한 사람은 대부분 근육도 없고, 바람에도 휘청일 정도로 연약하다.

영국 요크세인트존대학의 리 크러스트는 참가자를 모집하여 멘탈이 얼마나 강한지 측정하는 심리 테스트를 실시했다. 한편으로는 평소에 잘 쓰는 팔로 추를 들고 똑바로 뻗은 채 최대한 버티는 실험을 했다.

그 결과, 멘탈이 강한 사람일수록 추를 들고 버티는 시간이 길었다. 멘탈과 근력은 밀접히 이어져 있다는 사실이 밝혀진 것이다.

멘탈을 단련하는 일은 상당히 어렵다. 백화점에서 원하는 물건을 발견하고서도 일주일쯤 참아 본다든가, 하고 싶지 않은 일을 억지로 해 본다든가 하는 일로 멘탈을 기를 수도 있겠지만, 그런 상황이 늘 나 좋을 때 있지도 않다.

하지만 근력은 단련하겠다고 마음만 먹으면 매일 단련할 수 있다. 덤벨 같은 기구를 사지 않더라도 팔 굽혀 펴기나 복근 운동은 집에서 언제든 할 수 있다. 즉 단련하고자 마음만 먹으면 언제든 단련할 수 있다는 장점이 있다.

근육을 단련하는 운동이 확실히 괴롭기는 하지만, 그런 괴로움을 극복함으로써 멘탈도 조금씩 단련되어 간다.

멘탈이 약한 사람은 어쨌든 근력부터 키우는 것을 목표로 삼자. 근력이 좋아지면 그에 이끌리듯 멘탈도 강해질 것이다. 멘탈 자체를 단련하려 하기보다는 근육을 단련하는 쪽이 훨씬 재빠르게 실행할 수 있다.

몸에 근육이 붙으면 멘탈이 강해지므로 자신감도 생긴다. 몸도 탄탄해지므로 보기에도 좋고 건강에도 좋다. 근육 단련은 그만큼 많은 이점이 있다.

근육을 단련할 때는 처음부터 무리하지 않는 것도 중요하다. 지금까지 근력 운동을 한 적이 없다면 정말 가벼운 것부터 시작하는 것이 좋다. 갑자기 몇 킬로그램이나 되는 무게를 들어 올리려고 해서는 안 된다. 그러면 도리어 몸이 상하고 만다.

근력이 붙으면 점점 멘탈도 강해지는 것을 실감할 수 있게 된다. 멘탈이 약한 사람은 어쨌든 근력 운동부터 시작하자. 그것이 가장 확실한 방법이다.

주먹을 쥐는 것만으로도 의욕이 생긴다?

앞서 멘탈은 근력과도 관계가 깊다고 이야기했다.

이야기를 계속하자면, 일시적으로 멘탈을 강화시키고 싶을 때는 주먹을 쥐어 보는 게 좋다. 어떤 작업이 귀찮게 느껴진다면 "자, 할까!" 하고 구호를 외치며 주먹을 쥐어 보자. 일하다 좀 더 힘을 내고 싶을 때도 좋다. 그때도 역시 "좋았어! 가자!" 하고 주먹을 쥐어 보자. 그러면 의욕이 생겨난다.

싱가포르국립대학의 아이리스 홍은 실험을 통해 근육에 힘을 주면 의지력을 높이는 데 도움이 된다는 사실을 확인했다.

그는 펜을 꽉 쥐어 근육에 힘을 주게 한 그룹과 펜을 검지와 중지 사이에 끼워 근육에 별 힘이 들어가지 않도록 한 그룹을 비교하여, 하기 싫은 일을 해야 할 때 근육에 준 힘만으로도 큰 차이가 생겨난다는 사실을 밝혀냈다. 손에 힘을 준 그룹에서는 하기 싫은 일도 해치우겠다는 의욕을 높일 수 있었다.

누구나 그럴 때가 있겠지만, 너무 일하기 싫을 때가 있다. 그러나 말은 그렇게 하더라도 일은 일로서 해치워야 할 때가 있다. 그때는 주먹을 쥐어 보는 게 좋다. 이 행위만으로 의시를 높일 수 있기 때문에, 사소하지만 유용한 방법으로 기억해 놓으면 편리하다.

여기에서 궁금한 점, 왜 주먹을 쥐면 의지력이 강해지는 걸까?

그 이유는 주먹이 전투를 연상시키기 때문이다. 주먹을 쥐는 상황이라 하면 누군가를 때릴 때의 상황이다. 주먹을 쥐면 우리의 뇌는 전투가 시작된다고 믿어 버리고, 전투에 알맞은 준비 상태를 만들려고 한다. 신체를 활성화시키는 것이다. 이에 따라 의지력도 덩달아 강해진다.

이런 동작은 심리학의 관점에서 보아도 매우 효과적이다. 주먹을 쥐고 근육에 힘을 주는 동작은 공격성을 높이는 작용을 한다. 공격성은 적극성과 유사하며, 진취적이고 적극적인 마음을 만드는 데 유용하다.

자신과 계속해서
대화를 나눈다

멘탈이 강한 사람에게 공통적으로 나타나는 특징이 있는데, 계속해서 자신과 대화를 나눈다는 점이다.

"좋았어! 이렇게 마지막까지 끝내 버리자!"

"좋군. 오늘따라 컨디션도 괜찮고."

"침착하자. 침착하게 하면 괜찮으니까."

멘탈이 강한 사람은 이런 식으로 자신에게 곧잘 말을 걸면서 마음을 가라앉히거나 용기를 북돋운다. 심리학에서는 자신과 대화하는 것을 '셀프 토크'라고 부르는데, 멘탈이 강한 사람은 모두 셀프 토크를 잘하는 사람이라고도 할 수 있다.

플로리다주립대학의 코리 샤퍼는 대학 운동선수 68명에게 시합 때 어떤 작전을 이용하는지 물어보았다. 분야는 육상, 농구 등 다양했다.

조사 결과, 그들이 시합 때 잘 쓰는 작전이 바로 '셀프 토크'였다는 사실이 밝혀졌다. 그들은 시합 중에도 계속해서 자신과 대화를 나누었다.

멘탈이 약하다고 생각된다면 아마 자신과의 대화가 부족할 것이다. 엄청나게 적극적인 또 다른 나를 마음속에 만들어 두고, 현실의 나를 격려하도록 하면 좋다.

"왠지 월요일엔 아무것도 하기 싫어."
"아이고, 그런 소리 마. 주초에 일을 많이 해 놔야 주말이 편하지."
"하긴 그렇지. 그럼 좀 더 해 놓을까?"
"그래그래. 그렇게 하는 거야."

이런 식의 대화를 머릿속에서 해 본다.

자기 혼자서 그렇게 대화를 나눌 수 있을까 싶겠지만, 셀프 토크는 연습하면 누구나 잘할 수 있게 된다.

머릿속에서 자꾸자꾸 이야기를 나누어 보자. 하찮은 잡담이어도 상관없다. 세상 돌아가는 시시한 이야기를 또 다른 나와 하다 보면 마음이 차분해질 때도 있다.

실제로 말을 걸고 대화를 나눌 수 있는 친구나 가족이 있으면 그들과 수다를 떨어도 좋지만, 그런 사람들이 언제든 내가 원할 때

내게 용기를 북돋아 줄 수는 없는 일이다. 그런 점을 생각했을 때, 셀프 토크는 내게 꼭 필요하고 적절한 칭찬이나 격려의 말을 해줄 수 있으므로 매우 기분 좋게 대화를 나눌 수 있다는 장점도 있다.

좋은 결과를
이미지 트레이닝한다

 머릿속에서 자신의 퍼포먼스를 반복적으로 그려 보는 것을 '이미지 트레이닝'이라고 한다. 흔히 들을 수 있는 말이지만, 과연 정말로 효과가 있을까?

 결론부터 말하자면, 이미지 트레이닝은 실제로 효과적이다. 게다가 프로 선수뿐 아니라 초보자에게도 이미지 트레이닝은 효과적이라는 사실을 보여 주는 데이터가 있다.

 프랑스 스포츠 연구소의 마지드 브로진은 골프 경험이 없는 23명에게 50m의 어프로치 샷을 13회 하도록 했다. 가볍게 연습이 끝났을 때 참가자 절반에게는 이미지 트레이닝을 하도록 했다. 눈을 감고 공의 궤적과 지면에 떨어진 공이 어떻게 굴러갈지를 머릿속에 그리게 한 것이다. 그리고 나머지 절반에게는 탁구나 테니스를 하도록 했다.

그러고 나서 다시 한번 50m의 어프로치 샷을 하게 했더니 이미지 트레이닝을 한 그룹 쪽이 훨씬 잘 쳤다. 이미지 트레이닝이 초보자에게도 유효한 방식이라고 할 수 있는 결과였다.

남과 대화하는 것이 힘들다면 머릿속으로 상대와 매끄럽게 이야기하는 자신의 모습을 그려 보는 게 좋다. 상대가 이렇게 물어보면 나는 이렇게 대답해야지, 하는 장면을 머릿속에 선명하게 그리면서 대화의 이미지 트레이닝을 해 보는 것이다.

'실제로 대화를 연습하는 것이 아니므로 의미가 없다'라고 생각하는 사람도 있을지 모르겠지만 그렇지 않다.

연구에 따르면, 확실히 이미지 트레이닝은 현실의 트레이닝과 비교했을 때 효과는 약하다고 알려져 있다. 하지만 전혀 의미가 없는 것은 아니다. 이미지 트레이닝을 하지 않는 조건과 비교하면 역시 연습의 효과가 나타나는 것이다.

나는 강연회나 세미나에 갈 때는 고속철도나 비행기 안에서 그날의 강연회 리허설을 머릿속으로 반복하는데, 이것도 말하자면 이미지 트레이닝이다. 그렇게 해 놓으면 아무것도 전하지 않는 사람과 비교했을 때 훨씬 능숙하게 이야기할 수 있을 것이다.

좋지 않은 상황에서 주의를 돌린다

정신적으로 힘들다고 느낄 때는 뭔가 다른 것에 주의를 돌리는 방법이 의외로 효과적이다.

마라톤 중에 너무 힘들고 괴로울 때는 저 앞의 전봇대를 바라보자. 전봇대가 가까워지면 또 저 앞에 있는 다른 전봇대로 시선을 옮긴다. 그렇게 달리다 보면 많이 괴롭게 느껴지지는 않는다. 이 과정을 반복하다 보면 어느새 결승선까지 다다를 수 있다.

이것을 뒷받침하는 실험도 있다.

미국 다트머스대학의 델리아 치오피는 아주 차가운 얼음물을 넣은 양동이에 손을 넣고 참는 가혹한 실험을 했다.

그때 한 그룹에게만 주의를 돌리도록 했다. 실험 참가자가 양동이에 손을 넣을 때 자기 방에 대해서 생각하도록 한 것이다. 커튼이 무슨 색이었으며 책상 위에 무엇이 있었는지 그런 것들을 선명하게 기억해 달라고 요청했다. 나머지 그룹에는 '손의 통증을 굳이 생각하지 말라'는 지시를 내렸다.

그 결과, 주의를 돌리며 참은 그룹 쪽이 더 오래 참을 수 있었다는 사실이 밝혀졌다. 다른 것을 생각하고 있으면 차가운 손의 통증이 조금 덜 느껴졌다고 한다.

괴롭고 고통스러워서 당장에라도 도망가고 싶은 상황에 놓였다면 일부러 다른 곳에 주의를 돌려 보는 게 좋다. 그러면 의외로 잘 참을 수 있게 된다.

지루한 회의에 참석해야만 한다면 발언자의 얼굴을 자세히 바라보자. 그러면 지루함도 그다지 느껴지지 않게 된다. 이 방법은 나 또한 실천하고 있는데 꽤 효과적이다.

게다가 발언자의 얼굴을 물끄러미 바라보고 있으면 적극적으로 회의에 참가하는 것처럼 보이기도 한다. 다른 사람들은 내가 제대로 이야기를 듣고 있다고 생각하는 것이다.

누군가를 만나러 갔는데 대기실 같은 데서 기다려야 할 때도 이 방법은 유효하다. 방에 있는 무언가를 관찰하다 보면 차분하게 상대가 오는 것을 기다릴 수 있다.

힘들 때는 '젠장!' 하고 외쳐 본다

정신적으로 힘든 상황에서는 일부러 험한 말을 마구 해 보는 것도 좋은 방법이다.

"젠장!"

"망할 자식!"

이런 말은 가능하면 입에 담지 않는 것이 좋지만, 괴로운 상황을 뛰어넘고 싶을 때는 의외로 효과적이다.

영국 킬대학의 리처드 스티븐스는 67명의 남성과 여성을 두 그룹으로 나누어 차가운 얼음물에 손을 넣고 참게 하는 실험을 했는데, 한 그룹에게는 손을 넣고 있는 중간에 욕설을 내뱉게 했다. 나머지 그룹에는 소리를 내지 않고 최대한 참으라고 지시했다.

그러면 얼마나 참을 수 있었을까? 결과는 다음과 같았다.

욕설 O	남성 190.63초, 여성 120.29초
욕설 X	남성 146.71초, 여성 83.28초

데이터에서 알 수 있듯이 남녀 다 욕설을 입에 담았을 때 참을 수 있는 시간이 꽤 길게 늘어났다. 즉 욕설을 내뱉으면 참을성이 강해질 수 있다는 것이다.

"빌어먹을, 난 죽어도 포기 못 해! 망할 놈들아, 내가 그만두나 봐라!" 하면서 작업하는 것은 보기가 좋지 않다. 하지만 그렇게 함으로써 힘을 낼 수 있다면 주변에 사람이 없을 때 사용해 봐도 괜찮지 않을까?

왜 욕설을 입에 담으면 마음에 힘이 솟아날까?

그 메커니즘은 아직 자세히 밝혀지지 않았지만, 아마 욕설을 내뱉음으로써 타인에게 모멸당했을 때와 같은 분노를 끄집어내서가 아닐까 생각된다.

남이 내게 '바보', '멍청이'라고 놀리면 이를 계기로 한층 더 공부에 힘을 쏟는다거나 업무 실적으로 자신을 다시 보게 만들겠다는 오기가 생겨나는 법인데, 이런 원리로 스스로 욕설을 퍼부음으로써 분노를 솟구치게 해 오히려 성과를 높이거나 참을성을 강화하는 데 도움이 되는 것일지도 모른다.

    자신의 멘탈이 약해졌을 때는 도저히 입에 담을 수 없을 만큼 험한 말을 내뱉어 보는 것도 가끔은 괜찮지 않을까?

에필로그
이제 부정적인 감정은 무섭지 않다

"멘탈을 강화하고 싶은데 어떻게 해야 할지 모르겠습니다."
"도대체 사람 마음이란 게 단련할 수는 있는 겁니까?"

강연회나 세미나에서 참가자들이 종종 하는 질문이다. 답은 물론 "예"다. 질문을 받을 때마다 "이런 방법이 있습니다" 하고 두세 가지 방법을 말씀드리는데, 언젠가는 멘탈 단련법만 모아 책으로 만들겠다는 생각을 하고 있었다. "이 책만 읽으면 만족할 만한 방법을 꼭 찾을 수 있을 겁니다"라고 제목만 알려주면 되니까 말이다.

오랫동안 그런 생각을 품고 있다가 이 책을 쓰게 되었다.

우울감, 불안, 비관, 긴장이라는 부정적인 감정으로 고민하는 사람이 많겠지만, 그런 감정을 어떻게 떨쳐낼 수 있을지 그 방법을 이 책에서는 최대한 다루었다고 생각한다.

심각한 상황이라면 힘들겠지만, 가벼운 고민이라면 이 책에 소개한 여러 방법으로 혼자서도 쉽게 해결할 수 있을 것이다.

만약 어떤 방법을 시도해 보고 그것이 자기에게 맞지 않는 것 같으면 다른 방법을 시도해 보기를 바란다. 혹은 여러 가지 방법을 동시에 시도해 보아도 좋다. 유도에 빗대자면 바로 한판승을 노리기보다 절반을 두 번 얻어 한판승을 하는 것이다. 그렇게 하면 더 쉽게 부정적인 감정을 날려 보낼 수 있다.

부정적인 감정은 환절기에 컨디션이 나빠지거나 감기에 걸리는 것과 마찬가지다. 인간인 이상 부정적인 감정에 시달리는 것은 어쩔 수 없는 측면도 있다.

하지만 부정적인 감정이 몰려왔을 때, 어떻게 대처해야 하는지 알고 있으면 그렇게 무섭지는 않게 된다. 상비약을 제대로 갖춰 두면 조금 열이 나도 딱히 큰일은 아니라는 마음으로 있을 수 있는 것과 똑같다. 부디 이 책을 '마음의 상비약'으로 이용해 준다면 이보다 큰 기쁨도 없을 것이다.

"나만이 내 인생을 바꿀 수 있다.
아무도 나를 대신해서 해줄 수 없다."

_ 캐롤 버넷

참고문헌

- Abdel-Khalek, A. M., & El-Yahfoufi, N. 2005 Wealth is associated with lower anxiety in a sample of Lebanese students. Psychological Reports, 96, 542-544.
- Alden, L., & Cappe, R. 1981 Nonassertiveness: Skill deficit or selective self-evaluation? Behavior Therapy, 12, 107-114.
- Allen, K., Shykoff, B., & Izzo, J. 2001 Pet ownership but not ACE inhibitor therapy, Blunts home blood pressure responses to mental stress. Hypertension, 38, 815-820.
- Bandura, A., & Schunk, D. H. 1981 Cultivating competence, self-efficacy, and intrinsic interest through proximal self-motivation. Journal of Personality and Social Psychology, 41, 586-598.
- Barlow, M., Woodman, T., Gorgulu, R., & Voyzey, R. 2016 Ironic effects of performance are worse for neurotics. Psychology of Sport and Exercise, 24, 27-37.
- Bauer, I., & Wrosch, C. 2011 Making up for lost opportunities: The protective role of downward social comparisons for coping with regrets across adulthood. Personality and Social Psychology Bulletin, 37, 215-228.
- Beike, D. R., Markman, K. D., & Karadogan, F. 2009 What we regret most are lost opportunities: A theory of regret intensity. Personality and Social Psychology Bulletin, 35, 385-397.
- Borkovec, T. D., Fleischmann, D. J., & Caputo, J. A. 1973 The measurement of anxiety in an analogue social situation. Journal of Consulting and Clinical Psychology, 71, 157-161.
- Bradshaw, S. D. 1998 I'll go if you will: Do shy persons utilize social surrogates? Journal of Social and Personal Relationships, 15, 651-669.
- Brickman, P., Coates, D., & Janoff-Bulman, R. 1978 Lottery winners and accident victims: Is happiness relative? Journal of Personality and Social Psychology, 36, 917-927.
- Britt, D. M., Cohen, L. M., Collins, F. L., & Cohen, M. L. 2001 Cigarette smoking and chewing gum: Responses to a laboratory-induced stressor. Health Psychology, 20, 361-368.

- Brouziyne, M., & Molinaro, C. 2005 Mental imagery combined with physical practice of approach shots for golf beginners. Perceptual and Motor Skills, 101, 203-211.
- Burnett, K. M., Solterbeck, L. A., & Strapp, C. M. 2004 Scent and mood state following an anxiety-provoking task. Psychological Reports, 95, 707-722.
- Burris, C. T., & Rempel, J. K. 2008 Me, myself, and us: Salient self-threats and relational connections. Journal of Personality and Social Psychology, 95, 944-961.
- Canevello, A., & Crocker, J. 2010 Creating good relationships: Responsiveness, relationship quality, and interpersonal goals. Journal of Personality and Social Psychology, 99, 78-106.
- Cioffi, D., & Holloway, J. 1993 Delayed costs of suppressed pain. Journal of Personality and Social Psychology, 64, 274-282.
- Cline, K. M. C. 2010 Psychological effects of dog ownership: Role strain, role enhancement, and depression. Journal of Social Psychology, 150, 117-131.
- Crust, L., & Clough, P. J. 2005 Relationship between mental toughness and physical endurance. Perceptual and Motor Skills, 100, 192-194.
- Cunningham, M. R. 1997 Social allergens and the reactions that th ey produce: Escalation of annoyance and disgust in love and work. In Aversive Interpersonal Behaviors, edited by R. M. Kowalski. New York: Plenum Press.
- De la Cerda, P., Cervello, E., Cocca, A., & Viciana, J. 2011 Effect of an aerobic training program as complementary therapy in patients with moderate depression. Perceptual and Motor Skills, 112, 761-769.
- Durand-Bush, N. 2002 The development and maintenance of expert athletic performance: Perceptions of world and Olympic champions. Journal of Applied Sport Psychology, 14, 154-171.
- Edelman, S., & Kidman, A. D. 2000 Application of cognitive behavior therapy to patients who have advanced cancer. Behavior Change, 17, 103-110.
- English, M. L., & Stephens, B. R. 2004 Formal names versus nicknames in the context of personal ad. Journal of Social Psychology, 144, 535-537.
- Erickson, T. M., & Abelson, J. L. 2012 Even the downhearted may be uplifted: Moral elevation in the daily life of clinically depressed and anxious adults. Journal of Social and Clinical Psychology, 31, 707-728.
- Finkenauer, C., & Hazam, H. 2000 Disclosure and secrecy in marriage: Do both contribute to marital satisfaction? Journal of Social Personal Relationships, 17, 245-263.
- Fredrickson, B. L., Mancuso, R. A., Branigan, C., & Tugade, M. M. 2000 The undoing effect

of positive emotions. Motivation and Emotion, 24, 237-258.
- Geschwind, N., Peeters, F., Drukker, M., Os, J. V., & Wichers, M. 2011 Mindfulness training increase momentary positive emotions and reward experience in adults vulnerable to depression: A randomized controlled trial. Journal of Consulting and Clinical Psychology, 79, 618-628.
- Gilovich, T., & Medvec, V. H. 1995 The experience of regret. What, when, and why. Psyghological Review, 102, 379-395.
- Gottman, J. M. 1994 What predicts divorce? The relationship between marital processes and marital outcomes. Hillsdale, NJ: Laurence Erlbaum.
- Geir, J., & Esther, H. 2008 Avoidance motivation and choking under pressure in soccer penalty shootouts. Journal of Sport & Exercise Psychology, 30, 450-457.
- Gould, D., Eklund, R. C., & Jackson, S. A. 1992 1988 U.S. Olympic wrestling excellence: 1. Mental preparation, precompetitive cognition, and affect. The Sport Psychologist, 6, 358-382.
- Grant, A. M., & Gino, F. 2010 A little thanks goes a long way: Explaining why gratitude expressions motivate prosocial behavior. Journal of Personality and Social Psychology, 98, 946-955.
- Gueguen, N., Pichot, N., & Le Dreff, G. 2005 Similarity and helping behavior on the Web: The impact of the convergence of surnames between a solicitor and a subject in a request made by E-mail. Journal of Applied Social Psychology, 35, 423-429.
- Hannes, S. 2016 Unmet Aspirations as an explanation for the age U-shape in wellbeing. Journal of Economic Behavior & Organization, 122, 75-87.
- Heiby, E. M., & Mearig, A. 2002 Self-control skills and negative emotional state: A focus on hostility. Psychological Reports, 90, 627-633.
- Helliwell, J. F., & Huang, H. 2011 Well-being and trust in the workplace. Journal of Happiness Studies, 12, 747-767.
- Hill, A. P., & Curran, T. 2016 Multidimensional perfectionism and burnout: A meta-analysis. Personality and Social Psychology Review, 20, 269-288.
- Hodge, K., & Smith, W. 2014 Public expectation, pressure, and avoiding the choke: A case study from elite sport. The Sport Psychologist, 28, 375-389.
- Hung, I. W., & Labroo, A. A. 2011 From firm muscles to firm willpower: Understanding the role of embodied cognition in self-regulation. Journal of Consumer Research, 37, 1046-1064.
- Isaacowitz, D. M. 2005 The gaze of the optimist. Personality and Social Psychology Bulletin, 31, 407-415.
- Joiner, T. E.,Jr., Alfano, M. S., & Metalsky, G. I. 1992 When depression breeds contempt:

Reassurance seeking, self-esteem, and rejection of depressed college students by their roommates. Journal of Abnormal Psychology, 101, 165-173.
- Kappas, A., Hess, U., Barr, C. L., & Kleck, R. E. 1994 Angle of regard: The effect of vertical viewing angle on the perception of facial expressions. Journal of Nonverbal Behavior, 18, 263-283.
- Kasser, T., & Ryan, R. M. 1996 Further examining the American dream: Differential correlates of intrinsic and extrinsic goals. Personality and Social Psychology Bulletin, 22, 280-287.
- Keller, J., & Bless, H. 2005 When negative expectancies turn into negative performance: The role of ease of retrieval. Journal of Experimental Social Psychology, 41, 535-541.
- Kelly, W. E. 2002 Correlations of sense of humor and sleep disturbance ascribed to worry. Psychological Reports, 91, 1202-1204.
- Kinnier, R. T., Tribbensee, N. E., Rose, C. A., & Vaughan, S. M. 2001 In the final analysis: More wisdom from people who have faced death. Journal of Counseling and Development, 79, 171-177.
- Kroth, J., Roeder, B., Gonzales, G., Tran, K., & Orzech, K. 2005 Dream reports and marital satisfaction. Psychological Reports, 96, 647-650.
- Kulik, J. A., Mahler, H. I. M., & Moore, P. J. 1996 Social comparison and affiliation under threat: Effects on recovery from major surgery. Journal of Personality and Social Psychology, 71, 967-979.
- Lally, P., van Jaarsveld, C. H. M., Potts, H. W. W., & Wardle, J. 2010 How are habits formed: Modeling habit formation in the real world. European Journal of Social Psychology, 40, 998-1009.
- Lautenbach, F., Laborde, S., Mesagno, C., Lobinger, B. H., Achtzehn, S., & Arimond, F. 2015 Nonautomated pre-performance routine in tennis: An intervention study. Journal of Applied Sport Psychology, 27, 123-131.
- Leary, M. R., Rogers, P. A., Canfield, R. W., & Coe, C. 1986 Boredom in interpersonal encounters: Antecedents and social implications. Journal of Personality and Social Psychology, 51, 968-975.
- Legrand, F. D., & Apter, M. J. 2004 Why do people perform thrilling activities? A study based on reversal theory. Psychological Reports, 94, 307-313.
- Lester, D. 2015 Morningness, eveningness, current depression, and past suicidality. Psychological Reports, 116, 331-336.
- Lester, D., Iliceto, P., Pompili, M., & Girardi, P. 2011 Depression and suicidality in obese patients. Psychological Reports, 108, 367-368.
- Levitt, M. J., Silver, M. E., & Franco, N. 1996 Troublesome relationships: A part of human

experience. Journal of Social Personal Relationships, 13, 523-536.
- Li, X., Wei, L., & Soman, D. 2010 Sealing the emotions genie: The effects of physical enclosure on psychological closure. Psychological Science, 21, 1047-1050.
- Luong, G., Charles, S. T., & Fingerman, K. L. 2011 Better with age: Social relationships across adulthood. Journal of Social Personal Relationships, 28, 9-23.
- Mastellone, M. 1974 Aversion therapy: A new use for the old rubber band. Journal of Behavior Therapy and Experimental Psychiatry, 5, 311-312.
- Monahan, J. L., & Samp, J. A. 2007 Alcohol's effects on goal-related appraisals and communicative behaviors. Communication Research, 34, 332-351.
- Murphy, P. L., & Miller, C. T. 1997 Postdecisional dissonance and the commodified self-concept: A cross cultural examination. Personality and Social Psychology Bulletin, 23, 50-62.
- Nasco, S. A., & Marsh, K. L. 1999 Gaining control through counterfactual thinking. Personality and Social Psychology Bulletin, 25, 556-568.
- Neuwirth, K., Frederick, E., & Mayo, C. 2007 The spiral of silence and fear of isolation. Journal of Communication, 57, 450-468.
- Palmer, L. K. 1995 Effects of a walking program on a attributional style, depression, and self-esteem in women. Psychological Reports, 81, 891-898.
- Park, C. L., Cohen, L. H., & Murch, R. L. 1996 Assessment and prediction of stress-related growth. Journal of Personality, 64, 71-105.
- Peters, B. L., & Stringham, E. 2006 No Booze? You may lose: Why drinkers earn more money than nondrinkers. Journal of Labor Research, 27, 411-421.
- Piliavin, J. A., Callero, P. L., & Evans, D. E. 1982 Addiction to altruism? Opponent-process theory and habitual blood donation. Journal of Personality and Social Psychology, 43, 1200-1213.
- Profusek, P. J., & Rainey, D. W. 1987 Effects of Baker-Miller pink and red on state anxiety, grip strength, and motor precision. Perceptual and Motor Skills, 65, 941-942.
- Raikov, V. L. 1976 The possibility of creativity in the active stage of hypnosis. International Journal of Clinical and Experimental Hypnosis, 24, 258-268.
- Rodin, J., & Langer, E. J. 1977 Long-term effects of a control-relevant intervention with the institutionalized aged. Journal of Personality and Social Psychology, 35, 397-402.
- Roese, N. J., Pennington, G. L., Coleman, J., Janicki, M., Li, N. P., & Kenrick, D. T. 2006 Sex differences in regret: All for love or some for lust? Personality and Social Psychology Bulletin, 32, 770-780.
- Rymal, A. M., Martini, R., & Ste-Marie, D. M. 2010 Self-regulatory processes employed

during self-modeling: A qualitative analysis. The Sport Psychologist, 24, 1-15.
- Sanna, L. J., Chang, E. C., Carter, S. E., & Small, E. M. 2006 The future is now: Prospective temporal self-appraisals among defensive pessimists and optimists. Personality and Social Psychology Bulletin, 32, 727-739.
- Schwartz, B., Ward, A., Monterosso, J., Lyubomirsky, S., White, K., & Lehman, D. R. 2002 Maximizing versus satisficing: Happiness is a matter of choice. Journal of Personality and Social Psychology, 83, 1178-1197.
- Sedikides, C., Rudich, E. A., Gregg, A. P., Kumashiro, M., & Rusbult, C. 2004 Are normal narcissists psychologically healthy?: Self-esteem matters. Journal of Personality and Social Psychology, 87, 400-416.
- Shaffer, C. T., & Tenenbaum, G. 2015 Implicit theories of mental skills abilities in collegiate athletes. Journal of Applied Sport Psychology, 27, 464-476.
- Shallcross, A. J., Ford, B. Q., Floerke, V. A., & Mauss, I. B. 2013 Getting better with age: The relationship between age, acceptance, and negative affect. Journal of Personality and Social Psychology, 104, 734-749.
- Smith, R. E., & Campbell, A. L. 1973 Social anxiety and strain toward symmetry in dyadic attraction. Journal of Personality and Social Psychology, 28, 101-107.
- Sonnby-Borgstrom, M., Jonsson, P., & Svensson, O. 2003 Emotional empathy as related to mimicry reactions at different levels of information processing. Journal of Nonverbal Behavior, 27, 3-23.
- Spinella, M., & Lester, D. 2006 Can money buy happiness? Psychological Reports, 99, 992.
- Stephens, R., Atkins, J., & Kingston, A. 2009 Swearing as a response to pain. Neuroreport, 20, 1056-1060.
- Vrugt, A. 2007 Effects of a smile reciprocation and compliance with a request. Psychological Reports, 101, 1196-1202.
- Watts, B. L. 1982 Individual differences in circadian activity rhythms and their effects on roommate relationships. Journal of Personality, 50, 374-384.
- Wilson, V. E., & Peper, E. 2004 The effects of upright and slumped postures on the recall of positive and negative thoughts. Applied Psychophysiology and Biofeedback, 29, 189-195.
- Zullow, H. M. & Seligman, M. E. P. 1990 Pessimistic rumination predicts defeat of presidential candidates 1900 to 1984. Psychological Inquiry, 1, 52-61.

모든 고민이 별것 아니게 되는 아주 작은 심리 습관
초판 1쇄 인쇄 2022년 3월 22일 초판 1쇄 발행 2022년 3월 30일

지은이 나이토 요시히토
옮긴이 전선영
펴낸이 이승현

편집1 본부장 배민수
에세이2 팀장 정낙정
디자인 김태수

펴낸곳 ㈜위즈덤하우스 **출판등록** 2000년 5월 23일 제13-1071호
주소 서울특별시 마포구 양화로 19 합정오피스빌딩 17층
전화 02) 2179-5600 **홈페이지** www.wisdomhouse.co.kr

ISBN 979-11-6812-240-6 03190

- 이 책의 전부 또는 일부 내용을 재사용하려면 반드시 사전에 저작권자와 ㈜위즈덤하우스의 동의를 받아야 합니다.
- 인쇄·제작 및 유통상의 파본 도서는 구입하신 서점에서 바꿔드립니다.
- 책값은 뒤표지에 있습니다.